ChatGPTで仕事を10倍効率化

AI 仕事革命

谷口恵子
Keiko Taniguchi

はじめに

「AIに仕事を奪われる」

そんな言葉が飛び交うようになったのは、もうずいぶん前のことです。

オックスフォード大学のマイケル・A・オズボーン博士らが2014年に発表した論文『雇用の未来（The Future of Employment）』では、20年後までに人類の仕事の約5割がAIまたは機械によって代替され、消滅すると予測されました。この論文では、自動化の影響を最も受けると予測されている職業は、ルーチンワークが多く、創造的かつ社会的なスキルが必要とされない職業であるとされていました。それに対して、人間の社会的なスキルや創造性が重要な役割を果たす職業は、自動化の影響を比較的受けにくいとされていたのです。

しかし、創造性における人間の優位性を揺るがしたのが、Stable Diffusionなどの画像生成AIの登場、そして2022年11月30日に登場したChatGPTでした。これらの、いわゆる「生成系AI」は、AIにはできないと思われていた生成を得意とするAIで、新しいコンテンツやデータを自動的に作り出すことができます。例えば、画像、音楽、音声、テキストなどを新しく生成することができ、人間が作ったものと見分けがつかないほど高品質なものを作り出します。

ChatGPTに関しては、それまでのアレクサやSiriといった単純なAIチャットボットではできなかった高度な自然言語での対話ができること、そしてその返答のレベルの高さから、使ってみた全ての人が驚愕しました。これまで「AIには大したことはできない」と思っていた人ほど、その急激な進化を感じ、ついに本物のAI革命、AI共生時代がやってきたと考えるようになりました。

IT業界で働く人の間では、2022年のうちに、あるいはChatGPTが登場

する前から、その前身の技術である GPT-3 を知って、これは凄いものができた、と話題になっていました。そして、2023 年に入ると、徐々に IT 業界以外の人々にもその凄さが伝わり始め、大きな社会的インパクトがありそうだと考える人が増えています。ChatGPT を始めとする生成系 AI の誕生を「インターネットが誕生して以来の大変化だ」と言う人もいます。

では、ChatGPT を仕事で活用しようと思ったとき、具体的にはどんなことができるのでしょうか。ChatGPT は、大規模言語モデルといわれる AI で、テキストの生成が得意なので、**文章に関わることは基本的に何でも可能です。**たとえば、メールのひな形、企画書、プレスリリース、職務経歴書などを作成するのはお手のもの。こちらから盛り込んでほしい内容を指示すれば、たったの数秒〜数十秒でその内容を含んだ立派な文章が返ってきます。

しかし、ChatGPT が本当に凄いのは、こうした文章生成にとどまりません。「プロジェクトのスケジューリングを考える」「新商品のアイディア出しをする」「新規事業内容について評価する」など、**本来であれば人間の頭脳が必要である創造的な作業さえも可能にしてしまったのです。**特に、アイディア出しなど数が欲しいものについては、「100 個考えてください」のような、人間であればかなりしんどい指示でも、数秒〜数十秒でパッと返してきてくれるのです。
念のためお伝えしておくと、ChatGPT が本当に創造をしているわけではありません。ChatGPT は、学習した大量の言語データの中から、入力した文章に続きそうな単語を予測し出力しているだけです。しかし、**特に GPT-4（有料版）を利用すれば、その返答の質は非常に高く、一般のビジネスパーソンを超えるといわれています。**

いつでもどこでも一緒に考えてくれて、かつ一瞬で素晴らしい返答をくれるなんて、まるで **ChatGPT は「とても優秀で心強い相棒」**のようではありませんか？ もちろん、ChatGPT の回答がいつもそのまま使えるとは限りませんが、自分でゼロから考えたり調べたりするよりも、まずは ChatGPT に考えてもらい、その回答に必要な修正を加えるなどして仕上げていくほうが、圧倒的に仕事の効率がよいと思いませんか？

おそらく一度使ってみれば、ChatGPT の便利さや快適さとともに、いかに仕事のスピードが速くなるかを実感できると思います。**ChatGPT を活用しない同僚と比べて、仕事のスピード・質において大きな差をつけられることは間違いありません。**

　なかには、ChatGPT の登場について恐れる気持ちを抱いている方もいるでしょう。「AI に仕事を奪われるのではないか」と不安になり、その存在を無視したり、利用を制限しようとする人たちもいます。しかし、ChatGPT はもう存在していて、AI に前向きな人たちは積極的に利用しています。彼らは様々な活用法を見出し、どんどん自分たちの力に変えていっています。
　いずれにせよ、**AI の存在が今後、社会を大きく変えていくことは間違いない**のです。そして、私たちが目の当たりにしているのは、AI 革命の幕開け、始まりに過ぎません。**生成系 AI の進化は止まることを知らず、その可能性は無限大です。**

　現在は、ChatGPT や Bing、Bard といった特定の AI ツールが存在している状態ですが、これは一時的な状況です。近い将来、私たちが日常的に利用する Word、Excel、PowerPoint、Google ドキュメント、スプレッドシートなどのソフトウェアに AI 機能が組み込まれ、様々なアプリケーションで AI が活用できるようになり、AI はより身近な存在となるでしょう。「AI を使っている」と意識しなくても、自然と誰もが使うような状況になっていくはずです。

　未来の子供たちは「AI ネイティブ」、つまり生まれつき AI と共に生きる存在となります。彼らは特別な学習を必要とせず、自然と AI の特性を理解し、それと共存する方法を身に付けるでしょう。しかし、私たち「AI がなかった時代」に生まれ育った人たちは異なります。私たちは意識的に AI を利用し、試行錯誤を繰り返しながら、AI を効果的に活用する方法を学ぶ必要があります。

　そのなかでも大切なことは、「AI は決して、わたしたちを支配する存在ではない」ということです。**AI が私たちを支配するのではなく、「私たちが AI を理**

解し、活用し、制御する」のです。AI はツールであり、それをどのように使う
かは、私たち次第です。AI を理解し、活用する力を身に付けることで、私た
ちは AI と共生する未来を自分たちの手で創り出すことができます。

　本書を手に取っているあなたは、きっと積極的に AI を活用する方法を探求
している方でしょう。その好奇心と学習意欲こそが、AI 活用力の基盤となり
ます。もはや、AI がなかった時代に戻ることはありません。あなたのその力
を信じて、AI を味方に付けて上手に活用し、AI と共生する明るい未来を共
に創造しましょう。

2023年7月吉日
谷口 恵子

本書の内容・本書の使い方

◆第 1 章

　ChatGPT を仕事に活用すべき理由、ChatGPT を活用する際のコツ、ChatGPT の無料版と有料版の違いなどを説明します。すでにこうした基本的なことがわかっている方は第 2 章以降の実際の活用法をお読みください。

◆第 2 章〜第 8 章

　ビジネス全般、企画・提案、情報整理、マーケティング・PR、転職・面接対策、プレゼン、コミュニケーションの 7 つのカテゴリに分けて、具体的な活用法、プロンプト（ChatGPT への指示文）の型、プロンプト例、回答例を紹介します。自分に関係しそうなカテゴリや気になる活用法から読んでいただいて構いません。ぜひ、読むだけでなく、実際に ChatGPT を使って、プロンプトのコツを習得してください。

◆巻末付録：仕事を 10 倍効率化する ChatGPT プロンプトリスト

　本書で紹介した ChatGPT へのプロンプト（指示文）をまとめて掲載しています。また、プロンプトリストはウェブサイトからもダウンロードしていただけます。Excel 形式・Google スプレッドシート形式でお使いいただけます。そのままコピー＆ペーストができて便利ですので、ぜひご活用ください。

ChatGPT・AI 最新情報掲載ウェブサイトのご案内

　以下のウェブサイトから、本書出版後の ChatGPT やその他の生成 AI に関する最新情報、著者の谷口恵子のセミナー・講演情報などをご確認いただけます。ChatGPT やその他の生成 AI の進化はとても速く、本書の改訂では追いつかないこともありますので、重要な最新情報はぜひウェブサイトでもご確認ください。

　また、ChatGPT のアカウント作成方法や基本的な使い方もこちらに掲載しています。

ウェブサイト URL

https://pbook.info/chatgpt-business

　以下の QR コードを読み込むことで、ウェブサイトを開くことができます。

CONTENTS

第3章　企画・提案に活用しよう

第4章　情報整理に活用しよう

第5章　マーケティング・PR に活用しよう

第6章　転職・面接対策に活用しよう

[ChatGPT の 衝撃]

CHAPTER 01

ChatGPT の衝撃

ChatGPT で仕事の効率が 10 倍になる

　ChatGPT は大規模言語モデルと呼ばれる、大量の言語データを利用した AI です。これまでの短い返答しかできない AI チャットボットとは桁違いの賢さで、複雑な質問やリクエストにも答えてくれます。しかも、数秒という速さで、様々な仕事をこなしてくれるので、ビジネスの幅広い場面で活用することができます。

　例えば、以下のような場面で ChatGPT を使えます。これらは、ほんの一例です。

- ・進め方の相談
- ・アイディア出し
- ・マーケティング分析
- ・プレゼン作成
- ・情報収集
- ・分類
- ・ライティング
- ・議事録作成
- ・スケジューリング
- ・ブレスト
- ・企画書作成
- ・スピーチ原稿作成
- ・情報整理
- ・コラムのネタ出し
- ・マーケティング分析
- ・キャリア相談

　特に **ChatGPT の有料版を利用した場合、その返答は一般のビジネスパーソンの出すものを軽く超えます。**しかも、**その出力スピードは人間には到底真似のできないものです。**例えば「これまでヒットした商品の特徴と、弊社の強みを掛け合わせた新商品のプランを 100 個考えて」といったリクエストに対して、1 分も経たないうちに、100 個のアイディアを出してくれるのです。まるで、優秀な同僚やコンサルタントが常に隣にいるようなイメージです。

　特に、これまで、自分一人で企画を考えたり、資料を作成したり、ライティングをしたりしてきた方にとっては、強力な壁打ち相手、サポーターとなります。一人で考えたり、ライティングをしたりしていると、煮詰まったり、手が止まってしまうことがありますよね。そんなとき、ChatGPTに様々な形で助けてもらうことができます。最初から「〇〇のアイディアを100個提案してください」とリクエストして、それをベースに考えていくこともできますし、自分のアイディアを提示して「以下のアイディアにもっと斬新さを付け加えてください」とリクエストすることもできます。また、自分の文章に自信がないときには、「〇〇に読んでもらうことを想定して、以下の文章をよりわかりやすく説得力のあるものに直してください」と言って修正してもらうこともできます。

　自分の状況、ニーズに合わせて、ChatGPTに様々な形でリクエストや質問をすることができて、いつでもすぐに回答が返ってくるのは非常に助かります。相談相手やフィードバックをくれる相手がいるだけでも、仕事がはかどるという経験は誰しもしたことがあると思います。それに加えて、**ChatGPTはどんな内容でも非常に賢い返答をしてくれる、優秀な相棒なのです。**ChatGPTを活用できると、これまでの仕事のやり方、効率、そして仕事の質がすっかり変わります。いわば「**仕事力が格段に上がる**」のです。今からでも、ChatGPTを仕事に活用しない手はありません。

　ChatGPTをビジネスに活用したいけど、まだ活用できていない方、ChatGPTを使っているけど、もっと良い活用法を知りたい方、ChatGPTを活用して、仕事の生産性を上げたり、質を上げたりしたい方、そして、自分が使うだけでなく、ChatGPTを活用する方法を他の人にも広めたい方は、ぜひ本書を読んで、その活用法を知ってください。

　ちなみに、本書を読むだけでは、仕事力は上がりません。本書を参考に、実際にChatGPTを使ってみることで、初めてChatGPTを活用できるようになり、仕事力アップに繋がります。本書を読みながら、あるいは読み終えたらすぐに、ChatGPTを使い始めてください。

ChatGPT の活用のコツ

　ChatGPT は使えばいいというものではなく、その特徴を活かして、コツをおさえて使うことで、フルに活用することができます。

①制約条件を付けることで、より精度の高い回答が返ってくる

　仕事で ChatGPT を使うときには、できるだけ制約条件を付けたり、状況を詳しく設定するようにしましょう。例えば「製薬業界についてのレポートを書いてください」とだけ指示するよりも、「あなたは業界 3 位の製薬企業のマーケティング担当者です。経営層に対して、製薬業界の現状を報告し、今後のマーケティング施策を提案する土台となる情報を提供するためのレポートを書いてください。見出し、小見出しも付けて、数字も入れた形で読みやすさを重視して書いてください」のように、詳細にリクエストします。すると、ChatGPT があなたの要望に沿ったレポートを書いてくれる可能性が高くなります。ライティングの場合には、誰になりきって書いてほしいか、目的、読み手、背景情報などを伝えるのがコツです。

②聞くたびに違う答えが返ってくる

　ChatGPT は、データベースからデータを取り出してそのまま答えているわけではなく、指示や質問をされる度に回答を生成しているため、全く同じ質問やリクエストをしても、毎回違う答えが返ってきます。ですので、納得のいく回答が返ってこなかった場合には、「New Chat」で新しい会話画面を開いて同じ質問をしてみてください。

③意図した回答が返ってこないこともある

　ChatGPT から意図した回答が返ってくるとは限りません。それはプロンプト（指示文）の問題かもしれませんし、ChatGPT 側がうまく回答を生成できていないのかもしれません。そんなときには質問の仕方を変えたり、追加で条

件を指定したりすると、意図した答えが返ってくることが多いです。

④回答の精度が落ちてくることがある

　同一の会話内で質問やリクエストを繰り返していると、だんだん回答の精度が落ちてくることがあります。そのようなときには「New Chat」ボタンで新しい会話画面を開いて、会話を始めましょう。

⑤前の会話を忘れてしまうこともある

　同一の会話内では連続して対話ができます。ですので、最初の指示文で「こういう条件でライティングをしてください」のように指定して、ライティングをしてもらい、「さらに〇〇の観点を付け加えてください」などと、連続してリクエストしていくことができます。ChatGPTが前に話したことを覚えているので、続けてリクエストをすることができるわけです。ただ、ときどき前に話したことを忘れてしまうこともあります。そのようなときには「先ほど作ってくれた〇〇に関するコラムに〇〇を追加してください」のように言って、ChatGPTに思い出させるようにしましょう。

　以上のようなコツを身に付けて、ChatGPTを仕事の強力なパートナーにしましょう。

ChatGPT は有料版を使おう

ChatGPT には無料版と有料版があります。大きな違いは、有料版では上位バージョンの GPT-4 が選択できるということですが、それ以外にもプラグインと呼ばれる拡張機能や Web Browsing 機能が使えるというメリットがあります。主な違いを以下にまとめます。

	無料版	有料版
使えるバージョン	GPT-3.5 のみ	GPT-3.5 GPT-4
最新情報へのアクセス	不可 2021 年 9 月までの学習データをもとに回答するのみ	可 Web Browsing 機能やプラグインで 最新情報も得られる
プラグイン	無し	有り 様々な機能と連携可
回答の質	低い	高い
日本語の精度	やや低い	かなり高い

　GPT-3.5 と GPT-4 の違いが気になる方もいるかもしれません。一番の違いは回答の質の高さです。**いわゆる「賢さ」が違います**。例えば「レポートを書いてください」と言った場合、GPT-3.5 ではかなり雑なレポートしか書いてくれないのに、GPT-4 では、かなりしっかりと考えられた質の高いレポートを書いてくれます。実際に ChatGPT を使っている人の間では、**GPT-3.5 とGPT-4 は「小学生と『優秀なビジネスパーソン』くらいの違いがある」**と言われています。

　また、日本語を含めて、英語以外の言語の精度も格段に上がっています。それから、入力、出力できる文字量が、GPT-4 のほうが長くなっています。文字数ではなく「トークン」という単位で扱える文字量が決まっていますので、一概に何文字とは言えないのですが、GPT-4 のほうが GPT-3.5 よりも数倍長い量の文章を入力、出力することが可能です。

　有料版が出てきた 2023 年 3 月当初は、有料版のメリットといえば精度が高いことと、利用が集中したときに優先的にアクセスができることくらいでした。しかし、2023 年 5 月から、有料版により大きなメリットが生まれました。それは、Web Browsing 機能とプラグインが使えるようになったことです。これまでの ChatGPT の大きな課題であった、最新情報にアクセスができないという点が、これで解消されたのです。また、プラグインも動画を要約したり、図解をしたり、PDF を読み込んだりと、様々なプラグインがあります。

　ですので、ChatGPT を活用したい方には、できるだけ有料版を使うことをおすすめしています。前述のとおり、賢さが格段に違いますし、日本語の精度もより高いので、有料版のほうが求めている回答を得られる可能性が高くなります。有料版の価格は 2023 年 7 月現在、月 20 ドルです。この価格で優秀な自分専用のコンサルタントを雇っていると思えば激安です。ぜひ、有料版の利用をご検討ください。本書の ChatGPT の利用例は全て、有料版を利用したものです。

ChatGPT の始め方

ChatGPT はアカウント登録をすればすぐに使い始めることができます。以下の手順でアカウント登録をして、今日から使い始めましょう。

①公式サイトへ行く
https://chat.openai.com/

② 「Sign up」ボタンでアカウントを作成する

Create your account

Note that phone verification may be required for signup. Your number will only be used to verify your identity for security purposes.

Email address

Continue

Already have an account? Log in

―――――― OR ――――――

G Continue with Google

▦ Continue with Microsoft Account

  Continue with Apple

　メールアドレスでアカウントを新規登録するか、Google、Microsoft、Appleのアカウントと連携させます。

ChatGPT 以外の自然言語 AI でも使える

　本書では、ChatGPT にプロンプトを入力して、期待する回答を得られた活用法や会話例を紹介しています。しかし、ChatGPT 以外の自然言語処理を使った大規模言語モデルの AI も色々出てきています。現時点では、Google の Bard や Microsoft の Bing などがあります。今後も、様々な AI ツールが出てくるでしょう。

　基本的には、自然言語処理を使った AI ツールであれば、同じように自然な言葉でプロンプトを入力して使うことができます。ただ、現時点では、本書で紹介しているように ChatGPT が最も回答の質が高く、特に複雑なリクエストに対して期待した回答を返してきます。

　まずは ChatGPT を使ってみて、その後、これから出てくる AI ツールの最新情報もぜひチェックして、自分の使いやすいツールを見つけてくださいね。

ChatGPT を使う際の注意点

ChatGPT を使う際には、その特徴をよく知った上で使うことが必要です。例えば、以下のような点に注意が必要です。

①入力したデータは学習に使われる

ChatGPT は大量の言語データを「学習」して、それを参考にして回答を生成しています。ChatGPT にユーザーが入力したデータは、今後 ChatGPT の学習データとして使われる可能性がありますので、機密情報や個人情報は入力しないようにしましょう。気になる方は、

Settings → Data Controls → Chat history & training

の項目をオフにすることで、入力データを学習に使わせないようにすることができます。ただし、この場合には会話履歴が保存されません。

②事実に関しては間違えることも多い

ChatGPT は、あらゆる質問に答えてくれますが、事実に関するデータベースを持っているわけではありません。学習した大量の言語データをベースにして、一番確率的に繋がる可能性の高い言葉を出力しています。そのため、ときには簡単な質問であっても、間違えることがあります。事実に関しては ChatGPT の回答を鵜呑みにせず、他の情報から確認するようにしましょう。ただし、ChatGPT の有料版の Web Browsing 機能や、辞書的な機能を持つプラグインを併せて使うことで、回答の精度を上げることができます。

③最新情報には弱い

ChatGPT は基本的に 2021 年 9 月までの言語データを学習しているといわれています。そのため、それ以降の情報を聞いたときには「申し訳ありませんが、私の知識は 2021 年までの情報に限られています」のような回答が

返ってきます。ただし、有料版の Web Browsing 機能や、ウェブ検索を行う
プラグインを併せて使うことで、最新のウェブサイトの情報を加味した出力結
果が出てきます。

④生成された結果をそのまま使わないようにする

　ChatGPT が学習したデータの中には、他者の著作権があるデータも含ま
れている可能性があります。それをもとに生成された結果が、誰かの著作物
に似通ってしまう可能性は否定できません。それを利用したい場合には、誰
かの著作物に似通っていないかどうかを必ず確認して使うようにしましょう。

　以上のような注意点を知って使うことで、ChatGPT をビジネスで安全に活
用することができます。

　それでは、次の章から実際の活用例、活用方法をご紹介します。

［ビジネス全般に活用しよう］

CHAPTER 02

ビジネス全般に活用しよう

　この章からは、具体的なビジネスでの活用法をご紹介していきますが、まずはどのような職種の方でも頻繁に使える活用法をご紹介します。これらに活用するだけでも、ChatGPTの凄さを感じることができるでしょう。まるで、とても優秀で、高い文章力を持ち、何をお願いしても気持ちよくすぐに答えてくれる同僚が常に隣に座っているような状態になります。仕事のスピードが上がるので「最近仕事が速くなったね」と言われるに違いありません。ぜひ、日頃よく行っていることの一部をChatGPTに手伝ってもらい、仕事を効率化していきましょう。メール作成や文体変更などの基本的なことだけでなく、スケジューリングや進め方の相談といった、自分で行うとかなり調査が必要だったり、頭を使わなければいけないこともChatGPTが強力にサポートしてくれます。試しに今日から、以下のどれかを使ってみましょう。

この章で紹介する ChatGPT 活用法はこちら

01. メール作成
02. 文章添削
03. 文字起こしから議事録作成
04. 文章の文体を変更する
05. スケジューリング
06. 進め方の相談
07. レポート作成

01　メール作成

　ビジネスメールを作成する際に、少し気を遣う内容や、書くのに気が重くなるようなメールを書かなければならないことがありますよね。そんなときにはChatGPTに手伝ってもらいましょう。例えば、お詫びのメールです。
　このように、メールの宛先、内容、含めたいことを書いて、以下の内容でメールを作ってください、というプロンプトを入力します。

プロンプトの型

> 以下の内容でメールを作ってください。
> ・宛先：田中太郎様（お客様）(1)
> ・メールの目的：誤った商品を送ってしまったお詫び (2)
> ・以下の内容を含める (3)
> ①交換の商品をすぐに送る
> ②次回から使える30% OFFのクーポンコード「ap0023」を伝える
> ③誤って送った品物は着払いでお送りいただきたい
> ④問合せ先 ABC株式会社 カスタマーサポートセンター
> 　03-XXXX-XXXX
>
> ―――――――――――――――――――――――――
>
> (1) 宛先とその立場を記載します。立場も記載しておくと、その相手にふさわしい書き方、丁寧さでメールを作ってくれます。
> (2) メールの目的を記載します。できるだけ具体的に記載しましょう。
> (3) 必ずメールに含めたい内容を記載します。箇条書きでなくても構いません。

　そのほか、メールのトーンや文体（非常に丁重に、カジュアルに親しみを込めて、など）を記載してもいいですね。

以下の内容でメールを作ってください。
・宛先：田中太郎様（お客様）
・メールの目的：誤った商品を送ってしまったお詫び
・以下の内容を含める
①交換の商品をすぐに送る
②次回から使える 30% OFF のクーポンコード「ap0023」を
　伝える
③誤って送った品物は着払いでお送りいただきたい
④問合せ先 ABC 株式会社 カスタマーサポートセンター
　03-XXXX-XXXX

件名：お詫びと対応について：最近のご注文について

田中太郎様

いつもご利用いただき誠にありがとうございます。

先日のご注文につきまして、誤って違う商品をお送りしてしまっ
たことを、深くお詫び申し上げます。私たちのミスでご迷惑を
おかけし、大変申し訳ございませんでした。

本件につきまして、以下のとおり対応させていただきます。

①正しい商品の発送
正しい商品の発送手続きをすぐに開始いたしました。数日中に
はお手元にお届けできる予定です。商品が届きましたら、ご確
認をお願い致します。

②クーポンのご案内
この度ご迷惑をおかけしたお詫びとして、次回のご購入時にご利用いただける 30％ OFF のクーポンを差し上げます。クーポンコードは「ap0023」になります。ぜひお好きな商品にご利用ください。

③誤送商品の返送について
大変お手数ではございますが、誤ってお送りした商品を着払いにて弊社までお送りいただきますようお願い申し上げます。

以下に弊社の住所を記載いたします。
（弊社の住所をここに記載してください）

④問い合わせ先
何かご不明な点やご質問がございましたら、ABC 株式会社 カスタマーサポートセンター（03-XXXX-XXXX）までお問い合わせください。

お客様には大変ご不便とご迷惑をおかけし、重ねてお詫び申し上げます。今後このようなことがないよう、サービスの改善に努めてまいります。

何卒ご理解とご協力の程、よろしくお願い申し上げます。

敬具，

[あなたの名前]
[あなたの肩書]
[あなたの連絡先]

このように数秒でメールを書いてくれました。非常に丁寧にお詫びの気持ち
を伝えています。必要な箇所だけ書き換えて、このまま送っても問題ないメー
ルです。

　気が重いメールはなかなか書き出せなくて、送るのが遅れてしまい、余計
に相手を怒らせてしまう、なんていうこともあります。ChatGPT に手伝っても
らうことで、スムーズにメールを作ることができますので、ぜひ活用しましょう。

　お詫び以外にも、よく使うパターンのメールがあれば、ChatGPT にメール
のテンプレートを作ってもらうのがおすすめです。

02　文章添削

　仕事で作成する文書やお客様宛、上司宛のメールなどは、誤字脱字がある
と失礼な印象を与えてしまいます。また、ミスの多い人なのではないかと信頼
を失ってしまうかもしれません。ChatGPTを使えば、自分の書いた文章をもっ
と丁寧な表現に変えてもらったり、魅力的な文章にしてもらったりすることが
できます。ぜひChatGPTに手伝ってもらい、文章を添削してもらいましょう。

プロンプトの型

　以下のお客様宛のメール (1) を、より丁寧で感じの良いメールに (2) 変え
てください。
・誤字脱字があれば修正してください。(3)
・最後に、修正した箇所と修正した理由を教えてください。(4)

【メール】
（メール文を貼り付け）

---

(1) 誰宛かを書いておくと、それに合わせて修正してくれます。
(2) どのように変えてほしいかを明記しましょう。
(3) これを書いておくと、誤字脱字を修正してくれます。
(4) これは必須ではありませんが、書いておくと今後の参考になりますので、
　　ぜひ書いておきましょう。

ChatGPTとの会話例

以下のお客様宛のメールを、より丁寧で感じの良いメールに変
えてください。
・誤字脱字があれば修正してください。

・最後に、修正した箇所と修正した理由を教えてください。

【メール】
件名：打ち合わせ日程の変更についてお知らせします
お疲れ様です、

私たちの上司が急遽出張に出ることになりましたので、御社とのすち合わせの日程変更をお願いいたします。

変更前：7月10日（金）午後2時
変更後：7月12日（日）午後3時

上司のスケジュールの調整が必要ですので、早めの返信をお願いいたします。
お手すをおかけしますが、何卒ご理解とご協力をいただけますようお願い申し上げます。

何かご質問やご要望がありましたら、お気軽にお知らせください。
よろしくお願いいたします。

【修正後のメール】
件名：重要：打ち合わせ日程のご変更につきまして

いつも大変お世話になっております。

私どもの責任者が、突然の出張が決定しましたため、ご面倒をおかけいたしますが、御社とのお打ち合わせ日程を変更させていただきたく思います。

変更前：7月10日（金）午後2時
変更後：7月12日（日）午後3時

責任者のスケジュールの調整をするため、お早めのご返信をいただけますと幸いです。
大変お手数をおかけいたしますが、何卒ご理解とご協力を賜りますよう、お願い申し上げます。

ご不明点やご要望などがございましたら、いつでもお気軽にご連絡ください。
何卒よろしくお願い申し上げます。

【修正した箇所とその理由】

1.「お疲れ様です」を「いつも大変お世話になっております」に変更：メールの初めには相手への敬意を示す言葉を選ぶべきです。後者の方がよりビジネスライクで丁寧な表現です。

2.「私たちの上司」を「私どもの責任者」に変更：「上司」より「責任者」の方が公式なコミュニケーションに適しています。

3.「すち合わせ」を「お打ち合わせ」に修正：この箇所はタイプミスで、「お打ち合わせ」が正しい表現です。

4.「早めの返信」を「お早めのご返信」に変更：「ご返信」の方が丁寧な表現です。

5.「お手す」を「お手数」に修正：「お手す」は誤字で、「お手数」が正しい表現です。

6.「何かご質問やご要望がありましたら、お気軽にお知らせく

ださい」を「ご不明点やご要望などがございましたら、いつで
もお気軽にご連絡ください」に変更：「ご連絡ください」の方が、
「お知らせください」よりも具体的で自然な表現です。

　このように数秒で添削をしてくれます。「修正した箇所とその理由」で記載
されている箇所以外にも、細かく修正してくれています。例えば、「急遽出張
に出ることになりましたので」を「突然の出張が決定しましたため」に修正し
てくれていますね。
　特に有料版の GPT-4 では日本語力が非常に高く、きれいな印象の良い日
本語に変えてくれますので、ぜひ ChatGPT の力を借りて、自分のミスしや
すいところを知り、日本語力も上げていきましょう。

03 文字起こしから議事録作成

　次は、文字起こしからの議事録作成です。自分でメモをとるのではなく、打ち合わせの音声を録音して、自動文字起こしツール（Otter.ai、Notta、Whisper など）を使って文字起こしをすると便利です。ただ、その文字起こしには「えー」などの不要な言葉が入っていたり、句読点が必要な箇所に入っていなかったりします。それを議事録として書き直すのは結構手間がかかります。打ち合わせの要点をまとめるだけでいい場合には、ChatGPT に次のようにお願いすると、この文字起こしの要点を箇条書きでまとめてくれます。

プロンプトの型

以下の文字起こしを議事録の形にしてください。

議事録には以下も含めてください。(1)
・タイトル：ABC 社定例経営戦略会議
・開催日時：2023 年 7 月 3 日（月）10 時〜 11 時
・開催場所：17 階 A 会議室
・参加者
　　A: 佐藤社長（議長）
　　B: 山田専務
　　C: 田中常務
・発言者ごとの要点を箇条書きで（誰の発言かがわかるように）
・次の会議に向けての To Do

【文字起こし】
（文字起こしの文を貼り付け）

---

(1) 通常の議事録の形式に沿って、入れたい内容を指定しましょう。タイトル、開催日時、開催場所、参加者、発言の要点、次回までの To Do などが一般的に含まれますが、それ以外にも自分の会社、部署の通例にしたがって、含めたい内容を記載しましょう。

以下の文字起こしを議事録の形にしてください。

議事録には以下も含めてください。
・タイトル：ABC 社定例経営戦略会議
・開催日時：2023 年 7 月 3 日（月）10 時〜 11 時
・開催場所：17 階 A 会議室
・参加者
　　A: 佐藤社長（議長）
　　B: 山田専務
　　C: 田中常務
・発言者ごとの要点を箇条書きで（誰の発言かがわかるように）
・次の会議に向けての To Do

【文字起こし】

A: えーっと　それでは最初に　市場動向についての分析結果から始めましょうか　競合他社はどのような戦略を進めているんでしょうか　そして消費者の嗜好はどう変わってきているのか　具体的に聞かせていただけますか　それと　えー　この情報をもとに　どのような方向性を我々の戦略に反映させると考えていらっしゃいますか　新たな市場の創出　それとも既存市場のさらなる浸透　それとも他に何かあるのでしょうか　えー次に　新商品開発についてですね　えーっと　これまでの市場調査や商品ラインナップの評価から見て　どのような新商品が求められているのでしょうか　皆さん　具体的なアイデアや改善点を出していただければと思います　えーっと　新商品の開発は市場ニーズだけでなく　ブランドのイメージや製造コストも考える必要がありますので　ね　そういった観点からも意見を聞かせてくださると　最後に　えー　経営戦略の見直しについてですが　えーっと現在の経

営目標や予算に対する進捗はどのようになっているのでしょう
か　それから　課題は何か　それを解決するための具体的な対策
なんかも　皆さんと一緒に考えていきたいと思います　それから
えーっと　経営方針の調整ですが　現在の状況を踏まえて　どのよ
うな方向にシフトするべきだと考えていますか　それとも　現行
の経営方針を続けるべきか　それぞれの見解を教えてください
えー　それでは皆さん　自由に意見を出し合っていただければと
思います　あ　ただし　あー　全員が納得できる結論を出すことが
目標ですので　えーと　はい　前向きに議論を進めていきましょう
ね　じゃあ

B: あー　すいません　ちょっとだけ聞いていいですか　えー　市場
動向の分析についてなんですが　競合他社の動向と消費者の嗜
好の変化って　どういった情報を具体的に集めてくるのでしょう
か　ちょっとピンと来なくて　どんな情報が役立つのか具体的な
例を出していただけるとありがたいです　それから　えーっと　新
商品開発についてなんですけど　市場調査の結果をどういう風
に新商品のアイデアに落とし込んでいくんですか　例えば　消費
者が求めているものがわかったとして　それをどう商品化するの
か　過去にどんなプロセスを経てきたのかを教えていただきたい
です　そして最後に　えー　経営戦略の見直しの部分で　課題点
を解決するための具体的な対策というのがどういうものを指す
のか　ちょっと理解できてないんです　課題があったときにどう
対応してきたか　具体的な事例があれば教えていただけますか

（以下省略）

【議事録】
・タイトル：ABC社定例経営戦略会議
・開催日時：2023年7月3日（月）10時〜11時
・開催場所：17階A会議室
・参加者：
佐藤社長（議長）
山田専務
田中常務

【議論内容】

1. 佐藤社長（議長）

・市場動向についての分析結果から始める提案
・競合他社の戦略と消費者の嗜好の変化について問いかけ
・新商品開発に関する市場調査と製造コストの考慮について指摘
・経営戦略の見直しについて、現状の経営目標と予算進捗状況、課題と解決策の検討を提案
・経営方針の調整について現状を踏まえた見解の共有を求める

2. 山田専務

・市場動向の分析について、具体的な情報収集の方法について問いかけ
・新商品開発に関し、市場調査結果のアイデアへの反映方法について質問
・経営戦略の見直し部分で、課題解決の具体的な対策について理解を深めるため事例の提示を求める

3. 田中常務

・市場動向分析について、自社の強みを活かした独自の道を模索するべきとの意見を提出
・新商品開発について、市場調査だけでなく直感や感性も重視するべきとの提案
・経営戦略の見直しでは、目指すべき方向性が明確でなければ意味がないとの意見を表明

4. 佐藤社長（議長）

・会議で出た主な課題をまとめ、次回の会議での具体的な議論内容を提示
・市場動向、新商品開発、経営戦略の見直しについてそれぞれ次回会議での深堀りを指示

5. 次回の会議に向けての To Do

・市場動向についての具体的な活用方法を考える。
・新商品開発の具体的なアイデアや改善点を出す。成功例や失敗例も共有する。
・我々のビジョンを再確認し、それをもとに経営戦略を見直す。

　このように、議論内容の要点をまとめてくれます。また、要点をまとめるだけでなく、発言内容をできるだけ残した議事録にしたい場合には「以下の文字起こしから不要な言葉（えーっと、など）を取り除き、議事録の形式にしてください」と指示をして、文字起こしの文を貼り付ければ、きれいな文にした議事録にしてくれます。
　有料版の GPT-4 では数千文字の文字起こしを入力することが可能です。もし文字数が多すぎてエラーになってしまう場合には、分割して入力し、まとめてもらいましょう。

　文体を「ですます調」から「である調」に変更したい場合があると思います。例えば、文字起こしから要点を作るだけでなく、各自の発言内容が具体的にわかるように「である調」に変更したい場合や、スピーチ原稿をコラムに転用する場合などです。そのような場合には以下のように指示をしましょう。

プロンプトの型

> 以下の文章を、ですます調ではなく、である調にしてください。(1)
>
> （文章を貼り付け）
>
> ---
>
> (1)「である調にしてください」だけだと、通じない場合があります。「ですます調ではなく、である調にしてください」と言うと、リクエストに応じてくれます。

ChatGPT との会話例

以下の文章を、ですます調ではなく、である調にしてください。

マーケティング戦略とは、企業が自社製品やサービスを市場に販売する際に、どのような手法を使って顧客を獲得し、競合他社と差別化するかを決定する重要な戦略です。
マーケティング戦略は、市場調査や顧客ニーズ分析、競合状況分析などの情報をもとに立てられます。そして、その情報を元に、製品やサービスの特徴や優位性を明確にし、ターゲット顧客層を絞り込みます。

また、広告や販促活動、SNS などのマーケティングツールを使い、効果的に顧客にアピールするための戦略も重要です。ここで大切なのは、顧客が求める情報やコミュニケーション手段を理解し、それに合わせたアプローチを行うことです。

さらに、マーケティング戦略は、競合他社との差別化を図るためにも重要です。自社製品やサービスに対する独自のブランディングや、他社にはない付加価値を提供することで、顧客の心をつかむことができます。

総合的に考えると、マーケティング戦略は企業の成長にとって欠かせないものであり、市場環境の変化にも柔軟に対応する必要があります。そのためには、常に市場情報を収集し、顧客とのコミュニケーションを大切にすることが重要です。

マーケティング戦略とは、企業が自社製品やサービスを市場に販売する際に、どのような手法を使って顧客を獲得し、競合他社と差別化するかを決定する重要な戦略である。

マーケティング戦略は、市場調査や顧客ニーズ分析、競合状況分析などの情報をもとに立てられる。そして、その情報を元に、製品やサービスの特徴や優位性を明確にし、ターゲット顧客層を絞り込む。

また、広告や販促活動、SNS などのマーケティングツールを使い、効果的に顧客にアピールするための戦略も重要である。ここで大切なのは、顧客が求める情報やコミュニケーション手段を理解し、それに合わせたアプローチを行うことである。

さらに、マーケティング戦略は、競合他社との差別化を図るためにも重要である。自社製品やサービスに対する独自のブランディングや、他社にはない付加価値を提供することで、顧客の心をつかむことができる。

(以下省略)

このように「である調」に簡単に修正してくれます。手動で修正しようとすると、地味に大変な作業ですので、ぜひ ChatGPT に協力してもらいましょう。

05　スケジューリング

　プロジェクトの立ち上げや、イベントの計画時には、おおまかなスケジューリングが必要になると思います。特に、新規プロジェクトであったり、初めて企画するイベントだった場合には、まずはどういった作業が必要かを考える必要があります。そんなときには、次のようなプロンプトを入力します。「スケジュールを立ててください」と言うことで、必要な作業の洗い出しもしてくれるので非常に役立ちます。

プロンプトの型

> 　今日は6月8日 (1) です。来年1月 (2) までに自然派シャンプーの新商品を発売するまで (3) のスケジュールを立ててください。表形式で貼り付けられるようにしてください。(4)
>
> ---
>
> (1) 現在の日付を記入しましょう。
> (2) スケジュールの締切を記入しましょう。
> (3) プロジェクトのゴールを記入しましょう。必要な作業工程が変わってくるので、どんなプロダクトやサービスなのかを具体的に書くようにしましょう。
> (4) 表形式で出力してもらうと、そのままExcelやスプレッドシートにコピー&ペーストすることができて便利です。

ChatGPTとの会話例

　今日は6月8日です。来年1月までに自然派シャンプーの新商品を発売するまでのスケジュールを立ててください。表形式で貼り付けられるようにしてください。

以下に自然派シャンプーの新商品開発から発売までのスケジュールを表形式で示します。各活動は平均的な期間と想定される日付をもとに設定していますが、実際の期間は企業のリソースやその他の要因により変動する可能性があります。

#	活動	開始日	終了日	期間（週）
1	市場調査	2023-06-08	2023-06-22	2
2	製品概念の開発	2023-06-23	2023-07-07	2
3	成分・フォーミュラの選定	2023-07-08	2023-07-22	2
4	試作品の製作	2023-07-23	2023-08-06	2
5	内部試験	2023-08-07	2023-08-21	2
6	改善・最終フォーミュラの確定	2023-08-22	2023-09-05	2
7	パッケージデザインの開発	2023-09-06	2023-09-20	2
8	マーケティング計画の立案	2023-09-21	2023-10-05	2

（以下省略）

　このように主な活動、開始日、終了日、かかる期間をまとめてくれました。プロジェクトを進める上で必要そうなことを網羅してくれています。もし調整が必要なことがあれば「6 番はもう少し早く開始して 3 週間とってください」といった個別の指示をして修正版を作ってもらうこともできます。ChatGPT と対話をしながら、ベストなスケジュールにしていきましょう。

全社的なシステムの導入、人事制度の刷新、組織改革、業務移管、新しい研修プログラムの導入など、大きなプロジェクトを始めるにあたって、何からどのように推進していけばいいかわからないことがあると思います。そんなときには具体的なスケジュールに入る前に、進め方だけを相談することもできます。以下のようにプロンプトを入力してみましょう。

プロンプトの型

社内で行っている業務を海外の子会社にアウトソースする (1) にあたって、どのように進めればいいですか。進め方と、各項目におけるタスク、検討すべき観点を表形式 (2) にしてください。

---

(1) どのような業務に関する進め方の相談なのかを具体的に書きましょう。
(2) 表形式にしてもらうと見やすいですし、Excel に貼り付けてプロジェクトの進行管理の土台として使えますので、便利です。

ChatGPT との会話例

社内で行っている業務を海外の子会社にアウトソースするにあたって、どのように進めればいいですか。進め方と、各項目におけるタスク、検討すべき観点を表形式にしてください。

以下に、業務を海外の子会社にアウトソースするための基本的なフローを提供します。なお、具体的な手順は、業務の内容や規模、子会社の能力や場所など、状況によって異なる場合があります。

ステップ	タスク	検討すべき観点
1. 準備	- 現在の業務フローを明確に理解し、文書化する - アウトソースする業務を特定する - 業務移管の目標と期限を設定する	- 現状の業務のパフォーマンスはどの程度か - どの業務を移管するのが適切か - 期限を設定する根拠は何か
2. 評価	- 子会社の能力を評価する - 子会社の業務取り扱い能力を理解する - 必要なら、子会社のスキルアップを支援する	- 子会社の業務管理能力、技術力、人材力などはどの程度か - 子会社にどの程度の支援が必要か - 子会社との文化や言語の違いが業務にどのように影響するか
3. 計画	- 移管計画を作成する - コミュニケーションの計画を立てる - リスク管理計画を作成する	- 業務移管のスケジュールや各ステップは何か - どのようにコミュニケーションをとるべきか - リスクが発生した場合の対応策は何か
4. 実行	- 計画に基づいて業務を移管する - 適切な訓練を提供する - 定期的に進捗を確認する	- 実際の業務移管は計画どおりに進んでいるか - 子会社のスタッフは適切な訓練を受けているか - 進捗確認は適切に行われているか

（以下省略）

ChatGPTが、進め方や必要なタスク、検討すべき観点を提案してくれます。まずは大まかな進め方を把握した上で、必要なリソースや体制を準備し、プロジェクトを始めることができます。それぞれについてもっと詳細を知りたいときには、さらに「各手順の詳細な内容やタスクを提示してください」のように追加質問をしてみましょう。

07　レポート作成

　ChatGPTはライティングがとても得意なので、業務において報告書やレポートを書く機会が多い方はぜひ ChatGPT を活用しましょう。例えば、自分が消費財メーカーのマーケティング部署にいると仮定して、自社のブランディング強化の重要性を伝えるレポートを上司や関連する部署のメンバー向けに作成する手伝いを ChatGPT にしてもらいましょう。

プロンプトの型

> 　あなたは論理的思考力、文章力、コミュニケーション力が非常に高いビジネスパーソンです。(1) 以下の内容を満たす、一貫性のある、わかりやすいレポートを作成してください。文字数は 1000 文字程度 (2) にして、小見出しも付けてください。(3)
> ・文書の読み手：上司、関連する部署のメンバー (4)
> ・文書の目的：消費財マーケットにおける自社のブランディング強化の重要性を伝える (5)
> ・以下の内容を含める (6)
> ①当社はマーケットを少しずつ拡大しており、国内で業界 4 位
> ②海外メーカーのプレゼンスが上がっており、施策を打つ必要がある
> ③ブランディング強化のための具体的な施策の例をあげる
> ④特に VR による顧客接点を増やすことに挑戦したい
>
> ---
>
> (1) このように役割を設定して、ChatGPT になりきってもらうことで、質の高い文章を書いてくれる可能性が高まります。
> (2) 文字数の目安があれば書いておきましょう。厳密に守ってくれるわけではありませんが、目安になります。
> (3) 小見出しを付けてほしい、段落分けをしてほしいなど、文章の形式に指定があれば書いておきましょう。
> (4) 文書の読み手が誰かを具体的に記載しましょう。
> (5) 文書の目的を具体的に記載しましょう。

(6) 必ず含めたい内容を記載しましょう。ここの内容が薄いと、ChatGPT は誰でも書ける一般的な文章を出力します。③のように、具体的な中身が決まっていなくても入れたい内容があれば入れておきましょう。ChatGPT が内容を考えて書いてくれます。

あなたは論理的思考力、文章力、コミュニケーション力が非常に高いビジネスパーソンです。以下の内容を満たす、一貫性のある、わかりやすいレポートを作成してください。文字数は1000文字程度にして、小見出しも付けてください。
・文書の読み手：上司、関連する部署のメンバー
・文書の目的：消費財マーケットにおける自社のブランディング強化の重要性を伝える
・以下の内容を含める
①当社はマーケットを少しずつ拡大しており、国内で業界4位
②海外メーカーのプレゼンスが上がっており、施策を打つ必要がある
③ブランディング強化のための具体的な施策の例をあげる
④特に VR による顧客接点を増やすことに挑戦したい

【レポート】消費財マーケットにおける自社のブランディング強化の重要性について

1. はじめに
このレポートは、消費財マーケットにおける自社のブランディング強化の重要性について伝えることを目的としています。現在、当社は市場を少しずつ拡大し、国内では業界4位の位置にあります。しかし、海外メーカーのプレゼンスが高まっており、我々

は今、施策を打つ必要があります。

2. 当社の現状と課題

現在、当社は市場において成長を遂げており、国内では業界4位となりました。しかし、近年では海外メーカーのプレゼンスが増し、競争が激化しています。このような状況下で、自社のブランディングを強化することは不可欠です。消費財市場においてブランドは差別化の重要な要素となり、消費者に対して継続的な魅力を提供する必要があります。

3. ブランディング強化の必要性

（中略）

5.VR を活用した顧客接点の拡大への挑戦

特に VR を活用した顧客接点の拡大に挑戦したいと考えています。VR は顧客により没入感のある体験を提供することができ、ブランドとの関わりを深める効果が期待できます。

5.1 仮想店舗の構築：VR を使用して仮想店舗を構築し、顧客に商品やサービスを体験させます。商品のデモンストレーションや試着、購入までのプロセスを仮想空間で提供することで、顧客の関与度を高めます。

5.2 ブランド体験の提供：VR を活用して、ブランドに関連する体験を提供します。例えば、ブランドの歴史や製品の製造過程を仮想的に体験できるコンテンツを作成し、顧客に提供することで、ブランドへの理解と共感を深めます。

（以下省略）

このように ChatGPT がレポートの形式にしてくれます。

さらにこのレポートに対して、「VR を活用した顧客接点の拡大を進める上での課題を提示してください」と追加のリクエストをすることもできます。

VR を活用した顧客接点の拡大を進める上での課題を提示してください。

【VR を活用した顧客接点の拡大における課題】

技術の進化と費用：VR 技術は急速に進化していますが、最新のハードウェアやソフトウェアの導入には高額な投資が必要です。また、技術の追いつかない古いデバイスやシステムでは、顧客に快適な体験を提供することができません。

コンテンツの制作と品質管理：VR コンテンツの制作は独自のスキルや知識が必要であり、制作チームの組織化や専門知識の確保が必要です。また、顧客が没入感のある体験を得られるよう、コンテンツの品質管理やテストも重要です。

顧客への普及と教育：VR 技術がまだ一般的ではないため、顧客に対して VR 体験の普及と教育が必要です。一部の顧客は VR に慣れていないか、技術に抵抗を感じる場合もあります。そのため、顧客への啓蒙活動や使い方の簡易なガイドを提供することが求められます。

ユーザーエクスペリエンスの最適化：VR 体験は顧客にとって直接的なインタラクションを提供するため、ユーザーエクスペリ

エンスの品質が重要です。快適な操作性、リアルな表現、没入感のある環境など、顧客が満足できる体験を実現するために、技術的な課題やデザインの改善が必要です。

データとプライバシーの管理：VR を活用する場合、顧客のデータの収集やプライバシーの保護についても注意が必要です。顧客の個人情報や体験データの適切な管理を行うことで、信頼性を確保し、プライバシーに関する懸念を払拭する必要があります。

革新的な競合他社への対応：VR を活用した顧客接点の拡大は競争の激しい市場で行われます。競合他社が革新的な VR 技術やコンテンツを提供している場合、自社も効果的な差別化を図る必要があります。常に市場動向を把握し、競合他社との差異化を追求することが求められます。

これらの課題に対処するためには、適切なリソースの確保、技術の継続的なアップデート、顧客のフィードバックの収集など、綿密な計画と実行が必要です。

　このように、まず ChatGPT にレポートの骨子を書いてもらい、追加や修正を加えていって仕上げることで、自分の考えを反映しながら、非常に質の高い充実した内容のレポートにすることができます。

企画・提案に活用しよう

CHAPTER 03

企画・提案に活用しよう

　社内やお客様向けに、企画や提案を行う機会が多い方は、ぜひ ChatGPTを活用してください。ChatGPTは、その仕組み上、何かを考えることができるわけではないのですが、アイディアを出したり、ブレストをしたり、評価をしたり、ということがなぜか得意なのです。また、企画書や提案書の形にまとめることもしてくれます。

　一人で考えているとなかなか斬新なアイディアが出てこないものです。煮詰まって、似たようなアイディアばかり出してしまったり、どこかで聞いたことのあるアイディアしか思いつかない、という経験があるのではないでしょうか。また、客観的な評価やフィードバックがないと、自分のアイディアや企画の良し悪しが判断できません。ChatGPTにアイディア出しを手伝ってもらったり、壁打ち相手になってもらったりして、企画力・提案力を上げていきましょう。きっと、周りの同僚や上司に驚かれるはずです。

この章で紹介するChatGPT活用法はこちら

08　論点・観点の洗い出し

　何か検討事項があるときには、やみくもに考えるよりも、最初に論点・観点を整理してから考えていくと、抜け漏れなく必要事項を考えることができます。その論点・観点自体も、自分で考えると、つい関心があることだけに集中してしまいがちで、見落としていることがあるかもしれません。論点・観点を漏れなく洗い出すために、ChatGPT の力を借りましょう。ChatGPT は、一般的に検討すべき論点・観点を漏れなくリストアップしてくれます。

プロンプトの型

> 　あなたは一流の戦略コンサルタント (1) です。国内第4位の消費財メーカーである当社が、消費財以外の分野における新規事業の展開を計画しています。(2) 検討すべき観点を教えてください。
>
> ───────────────────────
>
> (1) このように、漏れなく論点・観点をリストアップするのが得意な人になりきってもらうと、回答の質が上がることが多いです。
> (2) 自社の状況や計画の概要を具体的に記載しましょう。

ChatGPT との会話例

あなたは一流の戦略コンサルタントです。国内第4位の消費財メーカーである当社が、消費財以外の分野における新規事業の展開を計画しています。検討すべき観点を教えてください。

新規事業の展開を考える際には、以下の観点を検討することが重要です：

企業の強みと弱み：当社の既存の能力、リソース、ノウハウを理解することから始めましょう。強みは新規事業の成功に寄与し、弱みは障害となる可能性があります。

市場の理解：新規事業がターゲットとする市場を深く理解することが必要です。市場規模、成長率、主要な競合他社、市場の傾向、顧客のニーズなどを調査することが重要です。

競争状況：新規事業の市場にすでに存在する競合他社の強みと弱み、戦略、ビジネスモデルを評価し、その中で当社がどのように差別化を図るかを検討します。

リスク管理：新規事業には必ずリスクが伴います。リスクを特定し、それらを軽減する戦略を策定することが重要です。

ビジネスモデル：新規事業がどのように収益を生み出すかについての詳細な計画が必要です。また、投資回収期間、利益率、収益の持続性なども考慮するべきです。

財務計画：新規事業の開始と運営に必要な投資を見積もり、その資金調達のための計画を立てる必要があります。また、収益予測とともに、収益が見込める時期を明らかにすることも重要です。

組織と人材：新規事業を成功させるためには、適切な人材と組織構造が必要です。新規事業部門の設立、または既存の部門との協力体制の構築を検討する必要があります。

これらの観点から、新規事業の展開について詳細な計画を立て、可能性とリスクをバランス良く評価することが重要です。以上の情報が当社の新規事業の展開の参考になれば幸いです。

　このように、新規事業の展開を考える際の観点を7つあげてくれました。いずれも、確かに重要な観点ですね。さらに、それぞれの観点を検討する上で使える手法やフレームワークも聞いてみましょう。

ChatGPTとの会話例

それぞれの観点を検討する上で使える手法、フレームワークを教えてください。

それぞれの観点を検討するために使用できる手法とフレームワークは以下のとおりです：

企業の強みと弱み：SWOT分析（Strengths, Weaknesses, Opportunities, Threats）は、企業の内部の強みと弱み、外部の機会と脅威を明らかにします。例えば、あなたの会社が優れた供給チェーン管理能力を持っている場合、これは新規事業に対する強みとなる可能性があります。

市場の理解：PESTEL分析（Political, Economic, Social, Technological, Environmental, Legal）を用いて、市場環境のマクロ的な側面を理解することができます。例えば、技術的な観点から見ると、AIやIoTのような新しいテクノロジーの台頭が新規事業の可能性を生み出しているかもしれません。

競争状況：ポーターの五力分析（競争者の脅威、新規参入者の脅威、取引先の交渉力、顧客の交渉力、代替品の脅威）は、業界の競争状況を理解するのに役立ちます。新規参入障壁が高い業界では、競争力を持つためには大きな投資やノウハウが必要になるかもしれません。

リスク管理：リスク分析の一つの方法はリスクマトリックスの作成です。リスクの発生確率とその影響を評価し、マトリックス上でプロットします。これにより、最も注意すべきリスクを特定することができます。

ビジネスモデル：ビジネスモデルキャンバスは、ビジネスモデルを構築・評価するための有効なツールです。価値提案、顧客セグメント、収益ストリームなど9つの要素を明確にします。

財務計画：DCF（割引現在価値）分析は、新規事業の期待されるキャッシュフローを評価するための一般的な手法です。それを割引して現在価値を計算し、投資の価値を評価します。

組織と人材：組織の能力と人材のギャップ分析を実施します。新規事業に必要なスキルと組織内で利用可能なスキルをマッチングし、必要な人材の確保や育成を計画します。

これらのフレームワークは一般的に広く使われていますが、それぞれの具体的な適用は企業の状況や戦略によります。これらのフレームワークを使い、組織全体で共有することで、新規事業の成功に向けた共通理解と方向性を作り上げることができます。

　このように 各観点を検討するために使用できる手法とフレームワークを教えてくれました。 もしこの中で知らないものや分かりにくいものがあれば、例えば「SWOT分析とはどのように行うのですか。 有名な企業を使って具体例をあげてください」 といった深掘り質問をしてもいいですね。

09　アンケートの作成

　商品開発やマーケティングなどで、アンケートを作成する機会がある方は、ぜひ ChatGPT を活用しましょう。アンケートは実施すればいいというものではなく、目的に合わせてきちんと設計して作成しないと、その結果を分析や改善に活かせません。ChatGPT に明確な目的を伝えて、目的に合った効果的なアンケート項目を作ってもらいましょう。

プロンプトの型

以下の内容のアンケートを作成してください。

・対象：新商品である「ダイエット飲料」のモニター 100 名 (1)
・目的：新商品のフィードバックを得て、商品改良や PR に活用する (2)
・新商品のターゲット：20 代〜 50 代の「健康的なダイエット」に関心のある男女 (3)
・アンケート項目：味、飲む頻度、好みの飲み方、価格についての定量的アンケートと自由記述欄 (4)

---

(1) アンケートに回答してもらう対象者を記載しましょう。
(2) アンケートをとる目的を記載しましょう。
(3) 新商品などの場合には、そのターゲットも記載しておきましょう。
(4) アンケート項目、自由記述欄の有無を記載しましょう。

ChatGPT との会話例

以下の内容のアンケートを作成してください。

・対象：新商品である「ダイエット飲料」のモニター 100 名

・目的：新商品のフィードバックを得て、商品改良やPRに活用する
・新商品のターゲット：20代〜50代の「健康的なダイエット」に関心のある男女
・アンケート項目：味、飲む頻度、好みの飲み方、価格についての定量的アンケートと自由記述欄

タイトル：新商品「ダイエット飲料」モニターアンケート

皆様、貴重な時間を割いてこのアンケートにお答えいただき、ありがとうございます。本アンケートは匿名で行われますので、率直なご意見をお聞かせください。

【アンケート内容】
1.あなたの年齢をお選びください。
20代
30代
40代
50代以上

2.あなたの性別をお選びください。
男性
女性
その他
答えたくない

3.新商品「ダイエット飲料」の味についてどの程度満足していますか？（1=全く満足していない、5=非常に満足している）
1
2

3
4
5

4. あなたは一日に何回このダイエット飲料を飲みますか？
1回
2回
3回以上
飲まない

5. あなたが好むこのダイエット飲料の飲み方は何ですか？（複数回答可能）
食事の代わりに
食事と一緒に
運動前
運動後
その他（自由記述欄）

6. 新商品「ダイエット飲料」の価格についてどの程度満足していますか？（1＝全く満足していない、5＝非常に満足している）
1
2
3
4
5

7. 以下の自由記述欄に、新商品「ダイエット飲料」についての感想や改善点をご記入ください。

以上、お手数をおかけしますが、ご回答をお願い申し上げます。
貴重なご意見をお聞かせいただきありがとうございます。

するとこのようにアンケート内容を選択肢付きで作ってくれました。定量的な回答を求めたい項目については5段階になっています。

特にアンケートの選択肢について細かい指定をしなくても、5番の「あなたが好むこのダイエット飲料の飲み方は何ですか」といった質問に対しては、「食事の代わりに、食事と一緒に、運動前、運動後、その他」といったよくありそうな選択肢を作ってくれています。

もしかすると、アンケート項目に漏れがあるかもしれません。そこで「その他、この新商品の改良やPRに必要と思われるアンケート項目を追加してください」とリクエストしてみましょう。

ChatGPTとの会話例

その他、この新商品の改良やPRに必要と思われるアンケート項目を追加してください。

承知しました。以下、新商品の改良やPRにおける更なる洞察を得るために追加するアンケート項目を示します。

商品特性について
・この商品のダイエット効果について、どの程度満足していますか?（1：全く満足していない , 5：非常に満足している）
・この商品を選んだ主な理由は何ですか?（商品の特性、味、価格、ブランドイメージ、その他）
・この商品と比較して、他のダイエット飲料との違いは何だと感じましたか?

PR について

・あなたがこの商品を知ったのはどのような媒体からですか?
(テレビ、雑誌、SNS、口コミ、その他)
・あなたはこの商品を友人や家族に勧めますか? (はい、いいえ)
・あなたが「はい」を選んだ理由は何ですか?

パッケージデザインについて

・この商品のパッケージデザインについて、どの程度満足して
いますか? (1:全く満足していない , 5:非常に満足している)
・パッケージデザインについて気に入っている点や改善してほし
い点があれば、具体的に教えてください。

これらの質問を追加することで、新商品の強みや弱点、消費
者の行動動機、そしてマーケティングと PR の効果についてよ
り深い理解を得ることが可能となります。

　このように、さらに必要と思われるアンケート項目を提示してくれます。ア
ンケートは同じ対象に対して何回もとることは普通できません。ChatGPT と
相談しながら、漏れなく内容を検討し、しっかり活用できるアンケートを作り
ましょう。

　アイディア出しも ChatGPT の得意分野です。仕事においてアイディアが求められることは非常に多いと思います。課題解決策、新規事業、何かの名称やキャッチフレーズなど。しかし、ゼロからアイディアを考え出すのは多くの人にとって難しいのではないでしょうか。

　よく「100 本ノック」などと言って 100 個のアイディアを出すやり方もあります。それをやったことのある方ならわかると思いますが、100 個のアイディアを出すこと自体、簡単ではありません。それなりに質を求めれば、何時間も、ときには数日かかります。それを ChatGPT はものの数分で出力してくれるのです。ChatGPT に協力してもらうことで、アイディア出しのハードルをグンと下げることができます。

プロンプトの型

> 　国内第 4 位の消費財メーカーである当社 (1) が、現在注力している化粧品・シャンプー・リンス以外の分野で成功する可能性の高い新規事業の候補 (2) を 100 個 (3) 考えてください。
>
> ---
>
> (1) 背景情報、自社の状況を記載しましょう。
> (2) どのようなアイディアを出したいのかを記載しましょう。
> (3) ここでは 100 個、としていますが、あまりに多い数を指定すると、「申し訳ありませんが、具体的に 300 個の事業案をリストアップするのは、あまりにも多くの要素を一度に考慮する必要があり、また一部は同じような案になる可能性があります」のように断られる可能性が高いです。ただ、その場合でも、参考になるように一部の案を提示してくれたり、カテゴリを提示してくれたりします。出力があまりに多いと、そこから検討していくのも一苦労なので、最大でも 100 個くらいにしておくのがおすすめです。

ChatGPT との会話例

国内第 4 位の消費財メーカーである当社が、現在注力している化粧品・シャンプー・リンス以外の分野で成功する可能性の高い新規事業の候補を 100 個考えてください。

あなたの会社が新規事業を開拓する際の候補として、以下の分野を提案します。ただし、各候補が成功するかどうかは、多くの要因によるところが大きいです。それらには、市場のニーズ、競争状況、技術的な課題、あなたの会社の能力とリソースなどが含まれます。

サプリメントと健康食品

美容・健康ドリンク

フィットネス機器

スキンケアテクノロジー（例：AI を使用したカスタマイズされたスキンケア製品）

高齢者向けのケア製品

スポーツニュートリション

マッサージ用具

ヘルスケアアプリ

オーガニック・ナチュラル製品

ベビーケア製品

ホームクリーニング製品

サステナブルなパッケージング

眠りを助ける製品（例：アロマテラピー製品）

エコフレンドリーな製品

ペット用品

機能性ウェア（例：睡眠を改善するパジャマ）

経口ケア製品（歯磨き粉、マウスウォッシュ等）

パーソナライズされたビタミンとサプリメント

メンズビューティー・ケア製品

ヴィーガン・ビューティ製品

カフェインフリーの健康的な飲み物

美容と健康をサポートするテクノロジー（例：スマートミラー）

プラントベースの食品

ホームフィットネス機器

体重管理製品

ボディーケア製品（例：バスボム、シャワージェル等）

ヘアケアテクノロジー（例：AI ヘアスキャン）

自然派化粧品

ホームデコレーション

スマートウォッチとフィットネストラッカー

スキンケアデバイス（例：顔のクリーニングブラシ、スチーマー）

水素水

植物由来のプロテインパウダー

有機食品

眼科製品（例：コンタクトレンズソリューション）

レディースヘルス製品（例：月経カップ）

ホームガーデニング製品

ダイエット製品

エコフレンドリーな旅行用品

ストレスリリーフ製品（例：エッセンシャルオイル）

サーキュラーエコノミー製品（再利用可能、リサイクル可能）

サステナブルなファッション

アンチエイジング製品

アロマテラピー製品

アートとクラフト用品

防犯製品（例：セキュリティカメラ）

（以下省略）

　このように1、2分で ChatGPT が 100 個の新規事業アイディアを考えてくれました。

　自社の強みなどをもう少し詳細に入力することで、より実現性の高い新規事業の案を考えてくれますので、プロンプトはぜひ工夫してみてください。

　さらに、この 100 個の中で、現在の主力事業との相乗効果が高い順番に 10 個選んで、どのように相乗効果を出せるかを表形式でまとめてもらいましょう。

ChatGPT との会話例

この 100 個の中で、現在の主力事業との相乗効果が高い順番に 10 個選んで、どのように相乗効果を出せるかを表形式でまとめてください。

新規事業候補	相乗効果
サプリメントと健康食品	既存の製品ラインに沿って、化粧品の効果を補強する製品を提供することができます。例えば、肌や髪の健康を促進する成分を含むサプリメントを開発することが可能です。
美容・健康ドリンク	既存の製品と同様に、美容と健康に関連する成分を使用したドリンクを開発することが可能です。これにより、体の内側からの美容をサポートする製品を提供することができます。

新規事業候補	相乗効果
ヘアケアテクノロジー（例：AI ヘアスキャン）	既存のシャンプー・リンスの製品ラインを補強し、顧客に個々の髪の質や問題に対応したカスタマイズされたソリューションを提供します。
高齢者向けのケア製品	既存の化粧品・シャンプー・リンスの製品知識を活用し、高齢者のニーズに合ったケア製品を開発することが可能です。
スキンケアテクノロジー（例：AI を使用したカスタマイズされたスキンケア製品）	既存の化粧品のラインナップを補強し、顧客に個々の肌質や問題に対応したパーソナライズされたソリューションを提供します。
メンズビューティー・ケア製品	男性向けの新たな市場を開拓し、男性顧客のためのスキンケアとヘアケア製品を提供します。
ヴィーガン・ビューティ製品	ヴィーガンや自然派の消費者に向けて、既存の化粧品ラインを補完する新たな製品を開発します。
ボディーケア製品（例：バスボム、シャワージェル等）	現在のスキンケア製品に加えて、ボディケア製品を提供することで、全身のケアを提供する一方で、シャンプーやリンスと同様の製造プロセスを活用することができます。

新規事業候補	相乗効果
フィットネス機器	フィットネス機器と健康食品や美容製品を組み合わせることで、全体的な健康と美容のソリューションを顧客に提供します。
ヘルスケアアプリ	ヘルスケアアプリを介して顧客とのエンゲージメントを高め、製品の使い方や効果を追跡する機能を提供します。

　するとこのように10個のアイディアを選んで、どのような相乗効果を出せるのかを説明してくれます。ただ一覧にしてもらうだけでなく、ChatGPT自身に評価をしてもらい、自信のある順に並べてもらう、といったこともできます。

アイディア出しの手法は色々ありますが、何かと何かを掛け合わせる「掛け算発想法」というものがあります。それぞれはありきたりなものでも、掛け合わせることで、ユニークなものになる可能性があります。

例えば、新商品を考えるにあたって、ChatGPTに掛け算発想法を使って案を出してもらいましょう。

プロンプトの型

> 過去のヒット商品のコンセプトと、新しいテクノロジーの組み合わせ (1) で、前代未聞の先進性のあるユニークな商品案 (2) を10個作ってください。
>
> ───────────────────────
>
> (1) 何と何を掛け合わせるのかを記載しましょう。
> (2) どんな案が欲しいのかを記載しましょう。

ChatGPT との会話例

過去のヒット商品のコンセプトと、新しいテクノロジーの組み合わせで、前代未聞の先進性のあるユニークな商品案を10個作ってください。

もちろんです。新しいテクノロジーと既存のヒット商品のコンセプトを融合させて、10の新しい製品案を考えてみましょう。

1.ARフィットネス・トラッカー：人気のフィットネス・トラッカーにAR（拡張現実）技術を組み合わせ、リアルタイムで体

調や運動パフォーマンスを視覚化します。

2.スマート空気清浄植物：空気清浄機能を持つ植物にセンサーを組み込み、空気の品質をリアルタイムでモニタリングし、必要に応じて浄化を行います。

3.AI バーチャルペット：AI 技術を活用して、リアルな反応と行動をするバーチャルペット。ユーザーの気分や行動を学習し、共感的な反応をします。

4.スマートメイクアップキット：ユーザーの肌色、顔の形、好みに基づいて、AI が最適なメイクアップ方法を提案する。

5.3D プリントフードメーカー：ユーザーが設計したカスタムメニューを作ることができる 3D フードプリンタ。

6.AI レシピクリエイター：あなたの冷蔵庫の中身をスキャンして、利用可能な食材を最大限に活用するためのレシピを AI が提案します。

7.インテリジェントなスリープトラッカー：あなたの寝ている間の心拍数、呼吸、眠りの深さを追跡し、最適な目覚めの時間を提案します。

8.AI 搭載家具：ユーザーの生活スタイルや体型に合わせて調節可能な、AI 搭載の家具。

9.スマート・ミラー：日々の健康状態、睡眠パターン、栄養状態を分析し、パーソナライズされたビューティーと健康アドバイスを提供する鏡。

　このように、様々な面白いアイディアを出してくれました。ユニークさが足りないと思うときには「もっと奇抜な商品を考えてください」という追加のリクエストを出すこともできます。また、この中でピンと来たカテゴリや方向性のアイディアがあれば、「10 のような教育用の新商品をもう 10 個考えてください」のように追加リクエストを出すこともできます。

ChatGPT との会話例

10 のような教育用の新商品をもう 10 個考えてください。

もちろんです。教育に役立つ新たな製品案を 10 個考えてみましょう。

1.AI チューター：生徒の学習スタイルと進度に合わせてパーソナライズされた教育プログラムを提供する AI チューター。

2.VR 実験キット：化学や物理学の実験を仮想環境で安全に体験できる VR キット。

3.AI 作文アシスタント：ユーザーの文法、語彙、文体を改善し、より洗練された作文を作成するのを支援する AI 技術。

4.AR 歴史ツアー：過去の歴史的事件や文化を体験できる AR アプリ。

5. スマートマジックペン：書かれた文字や図をデジタルデータに変換し、その場でフィードバックを提供するペン。

6. モバイル言語学習アプリ：AI を利用して、ユーザーの学習進度に基づいたパーソナライズされた語学学習経験を提供するアプリ。

7.AI 音楽教師：楽器演奏のテクニックを分析し、改善点を提案する AI 教師。

8. インタラクティブ地球儀：地理情報を詳しく視覚化し、リアルタイムで地理情報を更新するスマートな地球儀。

9. スマート絵画キット：絵画のテクニックを学び、自動で改善提案を行う絵画キット。

10.AR 生物学学習キット：動物や植物の解剖学、生態系を体験学習できる AR キット。

　このように ChatGPT によるアイディア出しも一回リクエストして終わりではなく、対話をしながらどんどん自分のピンとくるものに近づけていきましょう。

12　ブレスト

　部署のメンバーなどで「ブレスト（ブレインストーミング）」をすることがあると思います。ブレストとは、まずアイディアを制限することなくたくさん出し合って、その後、整理・評価して有望なアイディアを選ぶという手法です。枠にとらわれずにアイディアを出し合い、最良の解決策を見つけるためにとても良いやり方です。

　ブレストをしていると、誰か他の人の意見に触発されたり影響を受けたりして、アイディアが思いつきやすくなります。そのため、ブレストは一人ではなく複数人でやることが効果的ですが、ぜひいつものメンバーに加えて、ChatGPTにもブレストに参加してもらいましょう。

プロンプトの型

以下のテーマに関するブレスト相手になってください。

・目的：新商品のアイディアを考える。(1)
・社会課題の解決、ウェルビーイングを重視した新商品を考える。(2)
・ゴール：企画会議で提案できるよう、新商品の仮称、コンセプト、概要をまとめて表にする。少なくとも5個以上、できれば10個以上。(3)

---

(1) ブレストの目的を記載しましょう。
(2) どのようなアイディアを考えたいのかを具体的に記載しましょう。
(3) ブレストをした後のゴールを記載しましょう。

ChatGPT との会話例

以下のテーマに関するブレスト相手になってください。

・目的：新商品のアイディアを考える。
・社会課題の解決、ウェルビーイングを重視した新商品を考える。
・ゴール：企画会議で提案できるよう、新商品の仮称、コンセプト、概要をまとめて表にする。少なくとも 5 個以上、できれば 10 個以上。

承知しました。それでは、社会課題解決とウェルビーイングを重視した新商品のアイディアを出します。それぞれのアイディアについて、仮称、コンセプト、概要を記述します。

1. 仮称：Eco-charge
コンセプト：エコエネルギー活用
** 概要：太陽エネルギーを利用して充電できるポータブルデバイス。エコロジーとユーザーのエネルギー需要を両立させます。

2. 仮称：PlantEasy
コンセプト：都市農業
** 概要：成長の過程を自動管理してくれる屋内用スマートプランター。都市部でも農業体験を可能にし、自然への理解を深めます。

3. 仮称：Air Purely
コンセプト：空気浄化
** 概要：微粒子や有害物質を高精度に取り除くエアフィルター。室内の空気品質を向上させ、健康を維持します。

4. 仮称：MindPod
コンセプト：メンタルヘルス
** 概要:音楽や瞑想のガイドを提供するAI搭載のイヤホン。日々
のストレスを和らげ、メンタルヘルスをサポートします。

5. 仮称：SmartHydro
コンセプト：節水
** 概要：水の使用状況を追跡し、節水アドバイスを提供するス
マートシャワーヘッド。水資源の節約と、エコ意識の向上を図
ります。

6. 仮称：FitByte
コンセプト：健康管理
** 概要：運動量、睡眠、栄養摂取などを一元管理し、健康状
態を最適化するウェアラブルデバイス。生活習慣病の予防に役
立ちます。

7. 仮称：EcoWrap
コンセプト：プラスチック廃棄物削減
** 概要：完全に分解可能な素材で作られた食品包装。食品廃
棄物による環境負荷を減らします。

8. 仮称：EasyGrow
コンセプト：持続可能な食生活
** 概要：植物ベースの肉類を家庭で簡単に栽培できるキット。
環境に優しい食生活を促進します。

9. 仮称：HomeWorkout AR
コンセプト：運動不足解消
** 概要：AR 技術を用いて自宅で楽しむことができるエクササ
イズプログラム。運動不足とストレスを解消します。

> 10. 仮称：NutriScan
> コンセプト：栄養管理
> ** 概要：食品をスキャンして栄養素を分析するポータブルデバイス。バランスの良い食事をサポートします。

　このように、いきなり 10 個の新商品のアイディアを出してくれました。やはり ChatGPT はアイディア出しがとても得意ですね。ゴールに合わせて、新商品の仮称、コンセプト、概要をまとめてくれています。

　ブレストなので、これに対して、何か思いついたことがあれば新しくアイディアを出してもいいですし、「もう少し奇抜なアイディアを考えましょう。例えば AI と組み合わせて使えるような製品はどうでしょうか」とさらなるアイディア出しを促してもいいですね。

ChatGPT との会話例

もう少し奇抜なアイディアを考えましょう。例えば AI と組み合わせて使えるような製品はどうでしょうか。

了解しました。AI と組み合わせた奇抜な新商品のアイディアを考えてみます。

1. 仮称：AI-Picasso
コンセプト：AI 画家
** 概要：ユーザーの心情や好みを AI が分析し、それに基づいた絵画を生成するデジタルツール。個々の感情に対応した芸術作品を創出します。

2. 仮称：Eco-Avatar
コンセプト：AI 環境保護コンサルタント
** 概要：ユーザーの生活習慣を学習し、環境に優しい選択を
サポートする AI アバター。環境保護に貢献する行動を推奨し
ます。

3. 仮称：MoodTune
コンセプト：AI 音楽セラピー
** 概要：AI がユーザーの心理状態を読み取り、それに適応し
た音楽を生成するアプリ。心地良いリラクゼーションとメンタ
ルヘルスの改善を促します。

4. 仮称：AeroGarden AI
コンセプト：AI 都市農業
** 概要：AI が気候、土壌状態、植物の成長状況を監視し、
最適な育て方をアドバイスするスマートガーデニングシステム。
効率的な都市農業を実現します。

5. 仮称：ChatGPT Buddy
コンセプト：AI コンパニオン
** 概要：ユーザーの感情を理解し、適切な対話を提供する AI
搭載ロボット。孤独感の解消やエモーショナルサポートを提供
します。

6. 仮称：RecycleBot
コンセプト：AI リサイクル
** 概要：家庭のゴミをスキャンして分類し、最適なリサイクル
方法を提案する AI ロボット。リサイクルの効率化と環境保護
に寄与します。

7. 仮称：HealthAI Chef
コンセプト：AI 料理アドバイザー
** 概要：ユーザーの健康状態と栄養ニーズに基づいて、最適な食事を提案する AI システム。健康管理と料理の支援を一元化します。

ChatGPT が出してくれたアイディアの中で気になるものがあった場合は、それに着目してアイディアを深めていきましょう。

ChatGPT との会話例

5と6は特にいいアイディアですね。この2つを統合して、さらにユーザーの健康管理もできるようにするのはどうですか。

ありがとうございます。提案いただいたアイディアに基づいて、新たな商品コンセプトを作成します。

仮称：WellnessCompanion
コンセプト：全方位的なウェルビーイング AI コンパニオン

** 概要：この製品は、「ChatGPT Buddy」と「RecycleBot」の機能を統合し、さらにユーザーの健康管理機能を追加した AI 搭載ロボットです。ユーザーの感情を理解し、適切な対話を提供します。また、家庭のゴミをスキャンして分類し、最適なリサイクル方法を提案します。さらに、ユーザーの運動状態、睡眠パターン、食事などを監視し、健康状態の最適化に寄与します。この製品は、メンタルヘルス、環境責任、そして身体的健康を包括的にサポートすることで、ユーザーの全体的な

ウェルビーイングを向上させることを目指しています。

　するとこのアイディアを取り入れて、新しい商品を提案してくれました。このように、ChatGPT とブレストをすると、ChatGPT は基本的にこちらの意見を好意的に受け入れて反映していきます。もし、こちらの意見を批判的に受け止めて、あえて反対意見を出したり 懸念点を提示してもらいたいときには、そのようにプロンプトでリクエストしましょう。

13　評価項目・評価基準の策定

　次は評価項目・評価基準の作成です。複数の案を検討して意志決定するときには、それぞれの案を評価することが多いと思います。例えば新規事業や新商品のアイディアの評価に使えます。ChatGPTにいきなり評価してもらうこともできますが、どういった観点・基準で評価するのかが非常に重要ですので、まずは、その評価項目と基準をChatGPTに聞いてみましょう。その上で、自社が大事にしていることや会社のミッションなどに合わせて調整し、評価項目・評価基準を完成させましょう。

プロンプトの型

国内2位のシェアを持つ飲料メーカーである当社 (1) の新規事業のプラン (2) を評価するにあたって、評価項目・評価基準を教えてください。

---

(1) 会社の状況など、背景情報を入れておくとより妥当性の高い評価項目・評価基準を作ってくれます。
(2) 何を評価するのか、その対象を具体的に記載しましょう。

ChatGPTとの会話例

 国内2位のシェアを持つ飲料メーカーである当社の新規事業のプランを評価するにあたって、評価項目・評価基準を教えてください。

 新規事業のプランを評価する際に考慮すべき評価項目と評価基準の一般的な例を以下に示します。ただし、具体的な評価

項目と評価基準は、当社の業界や戦略目標に合わせてカスタマイズする必要があります。

1. 市場ポテンシャル：
市場の成長性と規模
ターゲット市場の需要と傾向
競合他社の市場シェアとポジショニング

2. 収益性と経済的価値：
収益予測と利益率
投資回収期間と利益成長率
リスクとリターンのバランス

3. 競争力と差別化：
提供する商品やサービスの独自性
競合他社との比較優位性
競争環境の分析とポジショニング

4. 実行可能性とリソース：
実現可能性とリソース要件
組織の能力とスキルセット
パートナーシップや資本調達の可能性

5. 持続可能性と社会的影響：
環境への影響と持続可能性戦略
顧客や利害関係者との関係構築
社会的および倫理的な責任の遵守

これらの評価項目を評価基準と組み合わせて使用することで、新規事業のプランを総合的に評価することができます。評価基準は、定量的な指標や定性的な要素、または両方を使用して、

> 各評価項目に対する評価を行います。

　このようにいくつかの代表的な評価項目をあげた上で、その詳細を解説してくれます。もっと絞りたい場合には、この中でも重要な要素はどれかを聞いてみましょう。さらに、実際の評価に使えるよう、各評価項目をどのような基準でつければいいのかを表形式で出してもらいます。

ChatGPT との会話例

各評価項目に対する評価基準を表形式にしてください。スコアは 5 段階評価にしてください。

以下に、各評価項目に対する評価基準を表形式で示します。スコアは 5 段階評価で、1 が最低評価、5 が最高評価とします。

評価項目	評価基準
市場ポテンシャル	1（低）- 市場の成長性や規模に関する情報が不十分または不確実
	2（中下）- 市場の成長性や規模は一部把握できるが限定的
	3（中）- 市場の成長性や規模について一定の見通しがある
	4（中上）- 市場の成長性や規模が明確に把握できる
	5（高）- 市場の成長性や規模が非常に大きく、明確に把握できる

評価項目	評価基準
収益性と経済的価値	1（低）- 収益予測や利益率が低く、経済的に魅力的ではない
	2（中下）- 収益予測や利益率は一部魅力的ではあるが限定的
	3（中）- 収益予測や利益率に一定の魅力がある
	4（中上）- 収益予測や利益率が魅力的であり、投資価値がある
	5（高）- 収益予測や利益率が非常に高く、非常に魅力的である
競争力と差別化	1（低）- 提供する商品やサービスに独自性がほとんどない
	2（中下）- 提供する商品やサービスに一部独自性があるが限定的
	3（中）- 提供する商品やサービスに一定の独自性がある
	4（中上）- 提供する商品やサービスが競合他社と差別化されている
	5（高）- 提供する商品やサービスが非常に独自で差別化されている

評価項目	評価基準
実行可能性とリソース	1（低）- 実現可能性や必要なリソースが不確実または不十分
	2（中下）- 実現可能性や必要なリソースが一部把握できるが限定的
	3（中）- 実現可能性や必要なリソースについて一定の見通しがある
	4（中上）- 実現可能性や必要なリソースが明確に把握できる
	5（高）- 実現可能性や必要なリソースが確実に把握できる
持続可能性と社会的影響	1（低）- 環境への影響や持続可能性戦略が不十分または不明瞭
	2（中下）- 環境への影響や持続可能性戦略が一部把握できるが限定的
	3（中）- 環境への影響や持続可能性戦略について一定の見通しがある
	4（中上）- 環境への影響や持続可能性戦略が明確に把握できる
	5（高）- 環境への影響や持続可能性戦略が非常に優れている

これらの評価基準を使用して、各評価項目に対して 1 から 5 までのスコアを割り当てることで、新規事業のプランの総合評価を行うことができます。

　このように各評価項目に対する評価基準を 5 段階で表してくれました。表形式で出してもらうと、すぐに Excel などにコピー＆ペーストして使えるので便利ですね。

14　比較・スコアリング

　ChatGPT に評価項目・評価基準を作ってもらうだけでなく、それを使って比較やスコアリングをしてもらうこともできます。先ほど提示してもらった評価基準を使って、いくつかの新規事業案の評価をしてもらいましょう。

プロンプトの型

　以下の評価項目を使って、新規事業を評価して 10 段階でスコアを付けて、表形式で表してください。総合スコアが高い順に並べてください。

＜評価項目＞(1)
市場ポテンシャル：
　　・市場の成長性と規模
　　・ターゲット市場の需要と傾向
　　・競合他社の市場シェアとポジショニング
収益性と経済的価値：
　　・収益予測と利益率
　　・投資回収期間と利益成長率
　　・リスクとリターンのバランス
競争力と差別化：
　　・提供する商品やサービスの独自性
　　・競合他社との比較優位性
　　・競争環境の分析とポジショニング
実行可能性とリソース：
　　・実現可能性とリソース要件
　　・組織の能力とスキルセット
　　・パートナーシップや資本調達の可能性
持続可能性と社会的影響：
　　・環境への影響と持続可能性戦略
　　・顧客や利害関係者との関係構築
　　・社会的および倫理的な責任の遵守

<新規事業の案> ₍₂₎

AI チューター：生徒の学習スタイルと進度に合わせてパーソナライズされた教育プログラムを提供する AI チューター。

VR 実験キット：化学や物理学の実験を仮想環境で安全に体験できる VR キット。

AI 作文アシスタント：ユーザーの文法、語彙、文体を改善し、より洗練された作文を作成するのを支援する AI 技術。

AR 歴史ツアー：過去の歴史的事件や文化を体験できる AR アプリ。

スマートマジックペン：書かれた文字や図をデジタルデータに変換し、その場でフィードバックを提供するペン。

モバイル言語学習アプリ：AI を利用して、ユーザーの学習進度に基づいたパーソナライズされた語学学習経験を提供するアプリ。

AI 音楽教師：楽器演奏のテクニックを分析し、改善点を提案する AI 教師。

インタラクティブ地球儀：地理情報を詳しく視覚化し、リアルタイムで地理情報を更新するスマートな地球儀。

---

(1) ここでは評価項目だけを記載しても構いませんし、前の項で作ってもらったように、詳細な評価基準を記載しても構いません。評価基準を記載すれば、より精度の高いスコアリングをしてくれます。
(2) 新規事業の案については、名前や概要だけでなく、具体的な案を記載するほど、精度の高いスコアリングをしてくれます。

ChatGPT との会話例

以下の評価項目を使って、新規事業を評価して 10 段階でスコアを付けて、表形式で表してください。総合スコアが高い順に並べてください。

＜評価項目＞
市場ポテンシャル：
　・市場の成長性と規模
　・ターゲット市場の需要と傾向
　・競合他社の市場シェアとポジショニング
収益性と経済的価値：
　・収益予測と利益率
　・投資回収期間と利益成長率
　・リスクとリターンのバランス
競争力と差別化：
　・提供する商品やサービスの独自性
　・競合他社との比較優位性
　・競争環境の分析とポジショニング
実行可能性とリソース：
　・実現可能性とリソース要件
　・組織の能力とスキルセット
　・パートナーシップや資本調達の可能性
持続可能性と社会的影響：
　・環境への影響と持続可能性戦略
　・顧客や利害関係者との関係構築
　・社会的および倫理的な責任の遵守

＜新規事業の案＞
AI チューター：生徒の学習スタイルと進度に合わせてパーソナライズされた教育プログラムを提供する AI チューター。

VR実験キット：化学や物理学の実験を仮想環境で安全に体験できるVRキット。

AI作文アシスタント：ユーザーの文法、語彙、文体を改善し、より洗練された作文を作成するのを支援するAI技術。

AR歴史ツアー：過去の歴史的事件や文化を体験できるARアプリ。

スマートマジックペン：書かれた文字や図をデジタルデータに変換し、その場でフィードバックを提供するペン。

モバイル言語学習アプリ：AIを利用して、ユーザーの学習進度に基づいたパーソナライズされた語学学習経験を提供するアプリ。

AI音楽教師：楽器演奏のテクニックを分析し、改善点を提案するAI教師。

インタラクティブ地球儀：地理情報を詳しく視覚化し、リアルタイムで地理情報を更新するスマートな地球儀。

スマート絵画キット：絵画のテクニックを学び、自動で改善提案を行う絵画キット。

AR生物学学習キット：動物や植物の解剖学、生態系を体験学習できるARキット。

新規事業の案	市場ポテンシャル	収益性と経済的価値	競争力と差別化	実行可能性とリソース	持続可能性と社会的影響	総合スコア
AI チューター	8	8	8	7	8	39
モバイル言語学習アプリ	8	7	7	8	8	38
AI 作文アシスタント	7	7	8	7	8	37
AI 音楽教師	7	7	7	7	7	35
スマートマジックペン	6	7	7	7	7	34
VR 実験キット	6	6	7	7	7	33
AR 生物学学習キット	6	6	6	7	7	32

新規事業の案	市場ポテンシャル	収益性と経済的価値	競争力と差別化	実行可能性とリソース	持続可能性と社会的影響	総合スコア
AR歴史ツアー	6	6	7	6	7	32
スマート絵画キット	5	6	6	7	6	30
インタラクティブ地球儀	5	5	6	6	7	29

以上の表はあくまで概算の評価で、具体的なビジネスプランや市場調査などの詳細が必要となります。また、スコアは様々な側面からの総合評価を意味し、特定の基準により高いスコアが出ていても、他の基準でスコアが低ければ、その事業の成功は必ずしも保証されません。

　このように表形式で各評価基準に対して採点をしたものを総合スコアが高い順に並べてくれました。いくつか「5」という低めのスコアがついているところがあります。そのスコアの理由を聞いてみましょう。

ChatGPT との会話例

 スマート絵画キットとインタラクティブ地球儀の市場ポテンシャルが低い理由を教えてください。

 スマート絵画キットとインタラクティブ地球儀の市場ポテンシャルが比較的低いと評価した理由は以下のとおりです。

スマート絵画キットについて：
ターゲット市場の需要と傾向：絵画は主に個々の興味や趣味に基づく活動であり、全体的な需要は教育や語学学習などの他の分野に比べて限定的かもしれません。また、絵画を学ぶ際、個々のスタイルや表現力を尊重することが一般的であり、AI による指導は必ずしも受け入れられないかもしれません。

競合他社の市場シェアとポジショニング：すでに市場に存在する絵画教室やオンライン教育サービス、さらには無料の教育資源との競争を考慮すると、新規事業が市場で目立つことは難しいかもしれません。

インタラクティブ地球儀について：
市場の成長性と規模：地理情報に関心がある人々や学生は確かに存在しますが、それらの情報はすでにインターネット、地図アプリ、教科書など、他の無料または安価なリソースで広く利用可能です。したがって、この製品に対する大規模な需要を生み出すことは難しいかもしれません。

競合他社の市場シェアとポジショニング：類似の製品やサービス（例えば Google Earth など）がすでに提供されていることを考慮すると、新規事業が競争力を持つためには独自の付加

価値を提供する必要があります。

これらの理由から、スマート絵画キットとインタラクティブ地球儀は他の新規事業案と比較して市場ポテンシャルが低いと評価されました。ただし、これは一般的な観点からの評価であり、特定の市場や顧客セグメントにおいては独自の価値を提供できる可能性もあります。

　このようにそれぞれの市場ポテンシャルの評価が低い理由を解説してくれました。スコアに納得がいかない場合には、このようにピンポイントで理由を聞いてみましょう。

15　イベント企画

　次はイベントの企画です。イベントの目的、時期、内容などを伝えて、ChatGPTにイベントの企画・提案をしてもらいましょう。アイディア出しと同じく、目的や内容をある程度明確にしてプロンプトに入れるほうが求める回答を得やすくなります。

プロンプトの型

以下の条件を満たすイベントの企画・提案を行ってください。

・目的：BtoBのソフトウェア製品の拡販とパートナー企業とのアライアンス強化 (1)
・時期・時間帯：2024年1月の平日、午後の4～5時間 (2)
・内容： (3)
①製品の導入事例紹介（大手顧客3社）
②新製品のデモ・PR
③来賓300名程度

---

(1) イベントの目的を記載しましょう。
(2) イベントの時期や開催時間を記載しましょう。
(3) イベントの中に含めたい内容や参加人数を記載しましょう。

ChatGPTとの会話例

以下の条件を満たすイベントの企画・提案を行ってください。

・目的：BtoBのソフトウェア製品の拡販とパートナー企業とのアライアンス強化

・時期・時間帯：2024 年 1 月の平日、午後の 4 ～ 5 時間
・内容：
①製品の導入事例紹介（大手顧客 3 社）
②新製品のデモ・PR
③来賓 300 名程度

イベント名：「Technology Transformation 2024 - Power of Innovation and Allliance」

イベントの大まかな流れ：

会場開放（午後 1 時）
開会の挨拶とイベント概要説明（午後 1 時 30 分）
導入事例紹介（午後 1 時 45 分 - 3 時 15 分）
ネットワーキングタイムと休憩（午後 3 時 15 分 - 3 時 45 分）
新製品のデモ・PR（午後 3 時 45 分 - 4 時 45 分）
パネルディスカッションと Q&A（午後 4 時 45 分 - 5 時 45 分）
ネットワーキングとカクテルレセプション（午後 5 時 45 分 - 6 時 30 分）
閉会の挨拶（午後 6 時 30 分 - 6 時 45 分）

詳細な内容：

開会の挨拶とイベント概要説明：
会社の経営陣が挨拶を行い、本日のイベントの目的と流れを説明します。

導入事例紹介：
3 つの大手企業が登壇し、それぞれソフトウェア製品の導入事例を紹介します。これにより、他の参加者が実際の使用状況

や効果を理解し、購入意欲を引き出します。

ネットワーキングタイムと休憩：
参加者間での情報交換のための時間を設けます。ここでは、
導入事例の詳細について質問したり、ビジネスの可能性を探る
ことができます。

新製品のデモ・PR：
製品開発チームが新製品のデモンストレーションと PR を行い
ます。新製品の特徴や使い方、期待される効果を詳しく紹介し
ます。

パネルディスカッションと Q&A：
先ほどのデモンストレーションについて、開発チームと導入事
例を紹介した企業の代表者によるパネルディスカッションを行
います。参加者からの質問も受け付けます。

ネットワーキングとカクテルレセプション：
飲食を楽しみながら、自由に交流する時間を設けます。ここで
パートナー企業との関係強化を目指します。

閉会の挨拶：
経営陣が再度登壇し、参加者への感謝の言葉と共にイベント
を締めくくります。

　このように「Technology Transformation 2024 - Power of Innovation
and Allliance」という、いかにもありそうなイベントタイトルを付けてくれま
した。そして各プログラムの時間を見積もって、詳細を提案してくれています。
特にこちらから要望を出したわけではありませんが、ネットワーキングイベン
トの時間もとってくれていますね。

ソフトウェア製品の拡販、PR を行いつつ、パートナー企業とのアライアンスを強化するという目的に沿ったイベントの案を考えてくれています。

　このように、イベントの概要を記載するだけでも、ChatGPT がそれなりのイベント案を考えてくれます。もっと詳しく、イベントの趣旨や背景を伝えることで、より質の高い企画を作ってくれますので、ぜひプロンプトを工夫してください。

16 企画書作成

　ChatGPT は企画書を作成するのも得意です。新しいプロジェクトや取り組みを提案する際、その内容をまとめてわかりやすく関係者に説明するために作るのが企画書です。企画書は、特に会社内で、製品の開発、マーケティングキャンペーンなど、様々な目的で使用されます。管理職や経営層、投資家などへのプレゼンや説明のために作成されることが多いです。わかりやすく説得力のある企画書が作れると、企画が通りやすくなりますので、ぜひ ChatGPT に手伝ってもらいましょう。

　では、新しい動画プラットフォームを使ったマーケティング施策の企画書を作成してもらいましょう。

プロンプトの型

　以下の内容を含めて、新しい動画プラットフォームを使ったマーケティング施策の企画書を作成してください。
- 背景：既存のマーケティングが効果を発揮しておらず、新規ユーザーが増えていない。商品の魅力が伝わっていないという課題がある。(1)
- 概要：新しい動画プラットフォーム VERSE を利用したマーケティング施策を実施 (2)
- 企画書に含めたい内容 (3)
  - ① VERSE を使うメリット（新規ユーザー獲得、商品の魅力の伝わりやすさ）
  - ②スケジュール（最短1ヶ月で施策開始）
  - ③体制（マーケティング部5名と情報システム部2名）
  - ④リスク
  - ⑤コスト（月150万～200万見込み）

---

(1) 企画書の提案内容を効果的に伝えるために、それが必要な背景を記載しましょう。
(2) 企画書の概要を記載しましょう。

(3) 企画書に盛り込みたい項目、例えばスケジュール、体制、リスク、コストなどを記載しましょう。④のリスクのように内容が決まっていない場合でも項目だけ入れておくと、ChatGPT が一般的な内容を記載してくれます。

以下の内容を含めて、新しい動画プラットフォームを使ったマーケティング施策の企画書を作成してください。
・背景：既存のマーケティングが効果を発揮しておらず、新規ユーザーが増えていない。商品の魅力が伝わっていないという課題がある。
・概要：新しい動画プラットフォーム VERSE を利用したマーケティング施策を実施
・企画書に含めたい内容
　①VERSE を使うメリット（新規ユーザー獲得、商品の魅力の伝わりやすさ）
　②スケジュール（最短 1 ヶ月で施策開始）
　③体制（マーケティング部 5 名と情報システム部 2 名）
　④リスク
　⑤コスト（月 150 万〜 200 万見込み）

企画書：新しい動画プラットフォームを使ったマーケティング施策

背景：弊社の既存のマーケティング施策は効果を発揮せず、新規ユーザーの増加に繋がっていません。また、商品の魅力が伝わっていないという課題が浮き彫りになっています。

概要：本企画では、新しい動画プラットフォーム"VERSE"を活用したマーケティング施策を実施することを提案します。VERSE は、インタラクティブな機能や優れた映像表現力を持ち、視聴者に対してより鮮明に商品の魅力を伝えることができます。これにより、新規ユーザー獲得や商品の魅力の伝わりやすさを向上させることが期待されます。

ポイント：以下の点を重視し、VERSE を活用するメリットを最大限に活かします。

・新規ユーザー獲得：VERSE は注目度の高いプラットフォームであり、多くのユーザーが利用しています。弊社の商品やブランドを VERSE 上で積極的に宣伝し、新たなユーザーの獲得につなげます。

・商品の魅力の伝わりやすさ：VERSE の豊富な映像表現力とインタラクティブな機能を活用し、商品の魅力をより直感的に伝えることが可能です。ビジュアルの魅力や機能の使い方などを効果的に伝え、顧客の関心を引き付けます。

スケジュール：以下のスケジュールに基づき、マーケティング施策を実施します。

月間１：VERSE の導入とプラットフォームの理解

月間２：ビデオコンテンツの制作と編集

月間３：VERSE 上での広告キャンペーンの立ち上げ

月間４：キャンペーンの効果測定と最適化

体制：本施策には、マーケティング部の５名と情報システム部の２名が参画します。マーケティング部は、VERSE の理解とキャンペーンの企画・実施を担当し、情報システム部はシステムの導入・運用に関するサポートを行います。

リスク：以下のリスクに対して適切な対策を講じます。

ユーザーの反応が予想外に低い場合：事前のマーケット調査とフィードバックの収集を行い、ユーザーのニーズに合わせたコンテンツ制作を行います。

技術的な問題や障害：情報システム部がシステムの導入と運用に関して適切な対応を行います。また、適宜サポートやトレーニングを受けることで、問題発生時の対応力を高めます。

コスト：本施策の見込みコストは、月間150万円から200万円となります。この予算は、コンテンツ制作費、広告キャンペーン費用、およびVERSEのライセンス料などを含んでいます。費用は効果測定と最適化を通じて、必要に応じて調整されます。

以上が、新しい動画プラットフォームを使ったマーケティング施策の企画書の概要です。VERSEの活用により、新規ユーザー獲得や商品の魅力の伝達を強化し、マーケティングの成果向上を目指します。

　このように、企画書に記載する内容を提案してくれました。企画書をドキュメント形式ではなくスライド形式にする場合には「スライド形式で作成してください」と指示すれば、スライド番号ごとに内容を作ってくれます。

　スケジュールやリスクについては特にプロンプトで詳細を伝えませんでしたが、一般的に考えられるスケジュールやリスクを考えて提示してくれています。コストの中身もChatGPTのほうで考えて書いてくれていますね。このようにChatGPTは一般的に書かれそうなこと、想定できそうなことをまとめてくれます。ですので、それ以外の固有の情報や、特別に記載したい情報はプロンプトに含めるようにしましょう。

17 提案書作成

　次は提案書作成です。企画書と似ていますが、提案書は特に顧客向けに、顧客のニーズに合わせた提案をする際に提出することが多いものです。これを使ってプレゼンをすることが多いので、スライド形式で作るのが一般的です。提案書も、その内容がわかりやすく、顧客にうまくアピールすることができれば受注に繋がるので、非常に大切なものです。ぜひ、ChatGPT と一緒に受注できる提案書を作りましょう。

プロンプトの型

　以下の内容を含めて、顧客向けの提案書をスライド形式で作成してください。各スライドに入れるイメージ素材の提案も付けてください。

・提案の骨子：サブスクリプションモデルの人材育成サービス導入のご提案 (1)
・ポイント：社会環境の変化、リスキリングの重要性を強調 (2)
・クライアント固有のニーズ：社員のスキルアップ状況を可視化したい (3)
・詳細：サービス内容、スケジュール、料金プラン、サポート (4)

---

(1) 提案の骨子を記載しましょう。
(2) ポイントとして強調したいことを記載しましょう。
(3) クライアント固有のニーズがあれば、それに対応する提案を入れてもらうため、記載しておきましょう。
(4) 詳細として、含めたいことを記載しましょう。このように項目だけ書いておくと一般的な内容を入れてくれますが、内容が決まっている場合には、詳細まで書いておきましょう。

以下の内容を含めて、顧客向けの提案書をスライド形式で作成してください。各スライドに入れるイメージ素材の提案も付けてください。

・提案の骨子：サブスクリプションモデルの人材育成サービス導入のご提案
・ポイント：社会環境の変化、リスキリングの重要性を強調
・クライアント固有のニーズ：社員のスキルアップ状況を可視化したい
・詳細：サービス内容、スケジュール、料金プラン、サポート

提案書のスライド形式での作成をお手伝いいたします。以下に、各スライドの内容とイメージ素材の提案を示します。

・スライド 1: カバースライド
背景にはクライアント企業のロゴや関連する画像を使用します。

・スライド 2: 提案の骨子
サブスクリプションモデルの人材育成サービス導入のご提案
リスキリングの重要性を強調するキャッチコピーを使用します。
イメージ素材：社会の変化を表すグラフやテクノロジー関連のイメージ

・スライド 3: 社会環境の変化
社会の変化や技術の進歩による影響を説明します。
イメージ素材：技術やデジタル世界を表すイメージ、変化する市場のグラフ

・スライド 4: リスキリングの重要性
リスキリングの必要性と競争力の維持について説明します。
イメージ素材：スキルアップをイメージしたアイコンや人々が学ぶ様子を表すイメージ

・スライド 5: クライアント固有のニーズ
クライアントの社員のスキルアップ状況を可視化したいというニーズを述べます。
イメージ素材：社員の成長をイメージしたグラフやチームワークを表すイメージ

・スライド 6: 提案の詳細 - サービス内容
提案する人材育成サービスの内容を詳細に説明します。
イメージ素材：プレゼンターのイメージや教育関連のイラスト

・スライド 7: 提案の詳細 - スケジュール
サービスのスケジュールや導入までの流れを示します。
イメージ素材：カレンダーや時計など、時間やスケジュールを表すイメージ

・スライド 8: 提案の詳細 - 料金プラン
サービスの料金プランや支払い方法について説明します。
イメージ素材：お金や財布をイメージしたアイコンやグラフ

・スライド 9: 提案の詳細 - サポート
導入後のサポート体制やカスタマーサポートについて

　このようにスライドごとに入れる内容とイメージ素材を提案してくれました。さらに、各スライドに入れるテキストを提案してもらいましょう。

キャッチーで目を引く言葉を30文字以内で各スライドに入れて
ください。

スライド 1: カバースライド
"Unlock Your Potential" (ポテンシャルを開放する)
スライド 2: 提案の骨子
"Future-Proof Your Skills" (スキルを未来に対応させる)
スライド 3: 社会環境の変化
"Embrace the New Era" (新しい時代に向けて受け入れる)
スライド 4: リスキリングの重要性
"Stay Ahead, Stay Relevant" (先を行き、関連性を保つ)
スライド 5: クライアント固有のニーズ
"Visualize Growth, Empower Success" (成長を可視化し、
成功を支援する)
スライド 6: 提案の詳細 - サービス内容
"Revolutionize Learning Experience" (学びの体験を革新
する)
スライド 7: 提案の詳細 - スケジュール
"Seamless Integration, Accelerated Results" (シームレス
な統合、迅速な結果)
スライド 8: 提案の詳細 - 料金プラン
"Flexible Plans, Incredible Value" (柔軟なプラン、信じら
れない価値)
スライド 9: 提案の詳細 - サポート
"Unparalleled Support, Your Success Partner" (比類ない
サポート、成功のパートナー)

　特に細かい指定はしませんでしたが、このように英語と日本語でキャッチフ
レーズを各スライド用に作ってくれました。

［ 情報整理に
活用しよう ］

CHAPTER 04

CHAPTER 04

情報整理に活用しよう

　仕事において、情報を集めたり、集めた情報を分類して整理したり、要約や図解をして理解したりするニーズも大きいと思います。例えば、新しい見込み客に対して魅力的な提案をするために、その業界のことを調べたり、新規事業を検討するにあたって、これまで知らなかったマーケットの情報を調べたり、あるいは少し難しい法規制などを理解しなければならないこともあるでしょう。

　そうした情報の収集や整理、理解も ChatGPT にサポートしてもらいましょう。素早く情報を得て、整理し、理解できることで、あなたの仕事力はグンと上がります。

この章で紹介する ChatGPT 活用法はこちら

> 18. 情報収集
> 19. 分類・タグ付け
> 20. ウェブサイトの要約
> 21. PDF の要約
> 22. 動画の要約
> 23. 図解
> 24. マインドマップ作成

　ここからは、有料版でしか使えない Web Browsing 機能やプラグインを使う活用法もご紹介しますので、まず Web Browsing 機能とプラグインの基本的な使い方を説明します。

Web Browsing 機能の使い方

1. Settings の Beta Features で Browse with Bing をオンにしておく
2. New Chat 画面の上部の GPT-4 にカーソルをあて「Browse with Bing」にチェックする

プラグインの使い方

1. Settings の Beta Features で Plugins をオンにしておく
2. New Chat 画面の上部の GPT-4 にカーソルをあて「Plugins」を選ぶ
3. Plugin store から使いたいプラグインを選んで Install
4. プラグインを使いたいときに、そのプラグインを有効にする
   （同時に有効にできるプラグインは 3 つまで）

＊一時的に Web Browsing 機能が使えない場合がありますので、そのときには WebPilot というプラグインを使いましょう。

Web Browsing 機能（有料版のみ）を利用

　有料版の ChatGPT を使っている方は、ぜひ情報収集に活用しましょう。ChatGPT は、基本的には 2021 年 9 月までの学習データを元にした回答しかできません。しかし、現在は有料版の場合、Web Browsing 機能を ON にすることにより、リアルタイムでウェブ検索した結果を回答に反映してくれます。

プロンプトの型

2023 年 (1) のテクノロジー関係の重大ニュースを教えてください。

---

(1) このように「XX 年の」と具体的に指定しても構いませんし「最近の」「ここ数年の」というように大まかに言っても構いません。また、時期を指定せずに「〇〇関連のニュースを教えてください」のようにリクエストしても、Web Browsing 機能をオンにしていると、ウェブ検索をした上で回答してくれます。

ChatGPT との会話例

 2023 年のテクノロジー関係の重大ニュースを教えてください。

 2023 年のテクノロジートレンドについての情報をいくつか見つけることができました。以下に主要なトレンドをまとめてみます：

AI が至る所に：2023 年には、AI は組織全体で現実のもの

となります。特に、非接触型の自動ショッピングや配送などが 2023 年の大きなトレンドになるでしょう。

メタバースの一部が現実化：2023 年には、メタバース（仮想現実空間）の進化が加速し、より没入感のある会議環境などが現実化すると予想されています。

Web3 の進展：ブロックチェーン技術も 2023 年に大きく進展し、より分散化された製品やサービスが増えるでしょう。

デジタルと物理世界の架け橋：デジタルツイン技術や 3D プリンティングの進歩により、デジタルと物理の世界がさらに融合します。

自然の編集可能性の増加：遺伝子編集技術やナノテクノロジーの進歩により、物質や植物、人間に変更を加えることが可能になります。

量子コンピュータの進歩：量子コンピュータの開発競争が世界中で加速しています。量子コンピュータは情報の処理や保存方法を新たなレベルに引き上げる技術で、現在の暗号化手法を無力化する可能性があります。

グリーンテクノロジーの進歩：炭素排出の削減と気候変動対策が急務となっており、グリーン水素や分散型電力網の開発による進歩が期待されています。

VR と AR の進歩：バーチャルリアルティと拡張現実の進歩が、新たな教育の形を生み出し始めています。

このようにウェブ検索をした後で、最新の情報をまとめてくれました。2023年の情報も含まれていますね。

なお、Web Browsing 機能をオンにしている場合、「ニュース」と指定するとウェブ検索をしてくれますが、ニュースではなく一般的な事柄について聞いた場合には、ウェブ検索をせずに回答してくることもあります。そうした場合には「ウェブ検索をして教えてください」と付け加えると、Web Browsing 機能を使ってくれます。

ChatGPT との会話例

メタバースとは何ですか。ウェブ検索をして教えてください。

メタバースとは、コンピュータ内に構築された3次元の仮想空間やそのサービスを指します。具体的には、利用者がオンライン上に構築された3次元コンピュータグラフィックスの仮想空間に世界中から思い思いのアバターと呼ばれる自分の分身で参加し、相互に意思疎通しながら買い物や商品の制作・販売といった経済活動を行なったり、そこをもう1つの「現実」として新たな生活を送ったりすることが想定されています。メタバースという用語は「超（メタ）」と「宇宙（ユニバース）」を組み合わせた造語であり、元々は作家のニール・スティーヴンスンが1992年に発表したサイバーパンク小説『スノウ・クラッシュ』に登場する架空の仮想空間サービスの名称でした。

しかし、メタバースの定義はまだ統一されていません。一つの解釈として、メタバース解説書『メタバース進化論』では、「空間性」「自己同一性」「大規模同時接続性」「創造性」「経済性」「アクセス性」「没入性」の七要件を満たしたオンラインの仮

想空間として定義されています。

メタバースの考え方は、1997 年に初めて商業的に成功した MMORPG（大規模多人数同時参加型オンライン RPG）であるウルティマオンラインから普及し始めました。そして、2000 年代中盤からメタバースが注目され、2006 年頃には「メタバース的」な仮想世界サービスの先駆けと言える Second Life のブームが起きました。しかし、当時はメタバースという言葉がまだ広く知られておらず、MMORPG から派生したサービスとして認識されていました。

　Web Browsing 機能が一時的に使えないとき、うまく動かないとき、精度が低いと思われるときには、プラグインの WebPilot も使ってみましょう。

19 分類・タグ付け

　ChatGPTによる分類・タグ付けも便利です。例えばアンケートの回答を得たときに、自由記述の回答内容を分類すると、どのような内容が多く記載されているのか整理することができ、フィードバックとして活かしやすくなります。

プロンプトの型

> 　以下のアンケート回答 (1) を主なキーワードでタグ付けして (2) 分類してください。
>
> 　（アンケート回答内容を貼り付け）(3)
>
> ――――――――――――――――――――――――――――
>
> (1) アンケート回答に限らず、会議で様々な意見が出たときなども使えます。
> (2) 特定のタグを使って分類してほしいときには、そのように指定しましょう。タグ付けは必ずしも指示に入れなくても構いません。単純に「分類してください」と指示すれば、ChatGPTのほうで何か分類基準を考えて分類してくれます。
> (3) 大量のアンケート回答がある場合には、分けて貼り付けて分類していきましょう。

ChatGPTとの会話例

　以下のアンケート回答を主なキーワードでタグ付けして分類してください。

【回答】
このアプリは素晴らしいです。毎日の学習が楽しくなりました。

AI のフィードバックは非常に役立ちますが、ときどき間違いがあるようです。

発音を改善するのに役立ちました。

アプリのデザインが好きではありません。もっとシンプルで直感的なものが良いです。

このアプリのおかげで英語力が上がったと思います。

ときどき、アプリが発音を正しく認識しないことがあります。

毎日のレッスンが楽しみになりました。

AI の応答がときどき不自然です。人間の先生にはかないません。

アプリが使いやすく、学習が楽しいです。

頻繁にクラッシュするので、改善が必要です。

このアプリのおかげで英語のリスニング力が上がりました。

AI のフィードバックは役立つが、ときどき混乱することを言う。

語彙を増やすのに役立ちました。

アプリの値段が高すぎる。もっと安ければいい。

英語の文法力を身に付けるのに役立ちました。

AI のフィードバックに一貫性がない。

英語の読解力が向上した。

アプリのアップデートが頻繁すぎます。

ライティングスキル向上に役立ちました。

カスタマーサポートに改善が必要。

英語のスピーキングスキルが上がった。

AI のフィードバックは役立つが、ときどき間違っている。

これのおかげで英語のリーディングに慣れた。

アプリのパフォーマンスが遅いです。

英語のリスニングが上がった気がする。

AI のフィードバックは役立つが、ときどき不正確。

このアプリは英語のスピーキング練習に役立った。

サブスクリプション料が高すぎます。

このアプリはライティングの練習によかった。

アプリのバグが多すぎる。

以下のように主なキーワードに基づいてタグ付けを行いました。

1. アプリの評価：素晴らしい、楽しい、改善が必要、価格が高い、バグが多い、パフォーマンスが遅い、クラッシュする、アップデートが頻繁、デザインが好きではない、直感的でない、使いやすい、カスタマーサポートの改善が必要
2. AIのフィードバック：役立つ、誤解が生じる、不自然、混乱する、一貫性がない、間違っている、不正確
3. 英語学習：学習が楽しい、次のレベルに引き上げる、発音の改善、リスニングスキルの向上、語彙の増加、文法の改善、読解力の向上、ライティングスキルの向上、スピーキングスキルの向上、リーディングスキルの向上
4. アプリの認識能力：発音を正しく認識しない
5. アプリの価格：高すぎる、サブスクリプション料が高すぎる

これらのタグは、アンケートの回答を分類し、分析する際に役立つでしょう。

このように分類してもらうと、どのような項目について、どのような意見が出ていたのか、把握しやすくなります。

さらに、ポジティブな内容とネガティブな内容に分けて整理してもらいましょう。

ChatGPT との会話例

それぞれの分類項目ごとに、ポジティブな内容、ネガティブな内容に分けて、表形式でまとめてください。

以下に、分類項目ごとにポジティブな内容とネガティブな内容を表形式でまとめました。

分類項目	ポジティブな内容	ネガティブな内容
アプリの評価	アプリは素晴らしい、学習が楽しい、インターフェースが使いやすい	デザインが好きではない、直感的でない、クラッシュする、アップデートが頻繁、価格が高い、パフォーマンスが遅い、バグが多い、カスタマーサポートの改善が必要
AIのフィードバック	AI のフィードバックは非常に役立つ	AI のフィードバックは誤解が生じる、不自然、混乱する、一貫性がない、間違っている、不正確
英語学習	英語学習を次のレベルに引き上げる、発音の改善、リスニングスキルの向上、語彙の増加、文法の改善、読解力の向上、ライティングスキルの向上、スピーキングスキルの向上、リーディングスキルの向上	-
アプリの認識能力	-	発音を正しく認識しない

（以下省略）

フィードバックがさらにわかりやすくなりましたね。このように分類してもらうと、アプリの機能改善や価格の検討に活かすことができそうです。

　定性的な情報が大量にある場合、そのまま読んでいても、なかなか全体像を捉えることは難しいですよね。ChatGPTによるタグ付けやカテゴリー分けによる分類をぜひ活用してみてください。

20 ウェブサイトの要約

Web Browsing 機能、または WebPilot プラグイン（有料版のみ）を利用

　ウェブサイトの長い記事などを読むのは時間がかかりますが、ChatGPT に要約してもらえば短時間で概要をつかむことができます。ChatGPT の有料版を使っている方は、コピーした全文を貼り付けなくても、URL を指定するだけで読みに行ってくれます。Web Browsing 機能をオンにするか、WebPilotのプラグインを使います。

プロンプトの型

以下を要約してください。(1)

（ウェブサイトの URL を貼り付け）(2)

---

(1) 単に「要約してください」とするのではなく「箇条書きにしてください」「見出しを付けて、定義、課題、展望をまとめてください」というように指示することも可能です。
(2) ウェブサイトの URL を貼り付けるだけでいいので、便利です。無料版を使っている場合には、ウェブサイトを読みに行ってくれませんので、要約したい内容の全文を貼り付けましょう。

　では試しに「オープンイノベーション」に関する Wikipedia の URL を貼り付けて要約してもらいましょう。

ChatGPT との会話例

以下を要約してください。
https://ja.wikipedia.org/wiki/%E3%82%AA%E3%83%BC
%E3%83%97%E3%83%B3%E3%82%A4%E3%83%8E%E3

%83%99%E3%83%BC%E3%82%B7%E3%83%A7%E3%83%83%B3

① Web Browsing 機能を利用した場合

「オープンイノベーション」は、自社だけでなく他社や大学、地方自治体、社会起業家など異業種、異分野が持つ技術やアイデア、サービス、ノウハウ、データ、知識などを組み合わせ、革新的なビジネスモデル、研究成果、製品開発、サービス開発、組織改革、行政改革、地域活性化、ソーシャルイノベーション、国際化、プロセス改善等につなげるイノベーションの方法論です。オープンイノベーションで定義されているイノベーションは社内システムから人事制度、CSR まで多岐にわたり技術分野には限定されません。また、イノベーションは分野が異なる融合であるほど、成功確率は下がるがより革新的とされます。

オープンイノベーションはハーバード大学経営大学院の教授だったヘンリー・チェスブロウによって提唱された概念で、組織内部のイノベーションを促進するため、企業の内部と外部との技術やアイデアの流動性を高め、組織内で創出されたイノベーションをさらに組織外に展開するイノベーションモデルを言います。大学や他社の技術のライセンスを受けたり、外部から広くアイデアを募集するなど、社外との連携を積極活用するオープンイノベーションをとる企業が増えています。一般的には秘密保持契約（NDA）を結んだ共同開発や情報交換から行うことが多いです。

1980 年代から 90 年代にかけて米国の大手企業では世界最先端の研究開発拠点で数多くの画期的な成果が出されましたが、その結果、大企業の研究所では研究者が自由に研究テー

マを設定し、長期間にわたり研究を行うという形態が一般的となりました。しかし、1990 年代後半から 2000 年代初頭にかけて、研究開発費の削減や事業の効率化を求める声が高まり、企業内部の研究開発部門の立場が弱まりました。これに伴い、企業は外部の専門家と協力して研究開発を行うことが一般的となりました。

② WebPilot プラグインを利用した場合

オープンイノベーションとは、自社だけでなく他社や大学、地方自治体、社会起業家など異業種、異分野が持つ技術やアイデア、サービス、ノウハウ、データ、知識などを組み合わせ、革新的なビジネスモデル、研究成果、製品開発、サービス開発、組織改革、行政改革、地域活性化、ソーシャルイノベーション、国際化、プロセス改善等につなげるイノベーションの方法論です。この概念はハーバード大学経営大学院の教授だったヘンリー・チェスブロウによって提唱されました。

オープンイノベーションは、企業の内部と外部との技術やアイデアの流動性を高め、組織内で創出されたイノベーションをさらに組織外に展開するイノベーションモデルを指します。大学や他社の技術のライセンスを受けたり、外部から広くアイデアを募集するなど、社外との連携を積極活用する企業が増えています。

また、オープンイノベーションは、技術分野だけでなく、社内システムから人事制度、CSR まで多岐にわたります。分野が異なる融合であるほど、成功確率は下がるがより革新的とされています。

このように、Wikipedia の内容を数百文字で要約してくれました。いずれも、定義の部分を中心に重要な内容をまとめています。

もっと読みやすくするため、単に要約してもらうのではなく、箇条書きにして要点をまとめてもらうことも可能です。

ChatGPT との会話例

以下を箇条書きにして、要点をまとめてください。
https://ja.wikipedia.org/wiki/%E3%82%AA%E3%83%BC
%E3%83%97%E3%83%B3%E3%82%A4%E3%83%8E%E3
%83%99%E3%83%BC%E3%82%B7%E3%83%A7%E3%8
3%B3

オープンイノベーションの要点を以下のようにまとめます：

1. オープンイノベーションは、自社だけでなく他社や大学、地方自治体、社会起業家など異業種、異分野が持つ技術やアイデア、サービス、ノウハウ、データ、知識などを組み合わせ、新しいビジネスモデルや研究成果、製品開発、サービス開発、組織改革、行政改革、地域活性化などにつなげるイノベーションの方法論です。

2. ハーバード大学経営大学院のヘンリー・チェスブロウ教授が提唱した概念で、企業の内部と外部との技術やアイデアの流動性を高め、組織内で創出されたイノベーションをさらに組織外に展開するイノベーションモデルを指します。

3. オープンイノベーションは、チェスブロウが 1980 年代から90 年代にかけての自社の中だけで研究開発を行う自前主義、

垂直統合型のイノベーションモデルを「クローズドイノベーション」と名付けたことに対抗する形で提唱されました。このような研究開発は、競争環境の激化、イノベーションの不確実性、研究開発費の高騰、株主から求められる短期的成果等から困難になってきた背景があります。

4. クローズドイノベーションを、自社の研究開発だけでなく、既存の社外連携（既存の産学連携やサプライヤーとの協業など）も含めたものとして捉え、そこで不足する技術やアイデアをもつ新しい相手に協業先を拡げる活動をオープンイノベーションと定義することもあります。

5. オープンイノベーションで定義されているイノベーションは社内システムから人事制度、CSR まで多岐にわたり技術分野には限定されません。また、イノベーションは分野が異なる融合であるほど、成功確率は下がるがより革新的とされます。

以上の説明から、オープンイノベーションは、新しいアイデアや技術を創出し、それを組織の外部に展開する方法論であり、異なる分野や異なる組織との協力を通じてイノベーションを促進することを目指しています。

検索結果から、オープンイノベーションが具体的にどのような効果を生んだのか、どのような成功例があるのかについては特に明確な情報を見つけることができませんでした。しかし、オープンイノベーションの理論的な背景や目的については上記のように説明できます。

オープンイノベーションの成功例や具体的な効果について詳しく知りたい場合は、具体的な産業やテクノロジーのコンテキストを指定して再度検索することをおすすめします。例えば、「オー

プンイノベーションの成功例」や「オープンイノベーションの効果」、「特定の産業でのオープンイノベーションの活用例」などのキーワードで検索してみてください。

　ChatGPTが最後に「オープンイノベーションの成功例や具体的な効果について詳しく知りたい場合は、具体的な産業やテクノロジーのコンテキストを指定して再度検索することをおすすめします」と提案してくれましたね。では続けて、特定の産業におけるオープンイノベーションの成功例を聞いてみましょう。

ChatGPTとの会話例

家電・電機業界におけるオープンイノベーションの成功例を教えてください。

家電・電機業界においても、オープンイノベーションが多くの成功例を生んでいます。以下は、家電・電機業界におけるオープンイノベーションのいくつかの成功例です。

1. ソニー：ソニーは、オープンイノベーションを通じて新たな技術を開発しました。クラウドソーシングを活用して、外部のアイデアや知識を取り入れ、新しい製品やサービスを開発しています。

2. パナソニック：パナソニックは、オープンイノベーションを通じて、サステナビリティを重視した新しいビジネスモデルを創出しました。外部のスタートアップや大学と連携し、持続可能なエネルギーソリューションを開発しています。

3.NEC: NEC は、オープンイノベーションを通じて、新しい ビジネスモデルや技術を開発し、企業価値を向上させました。 外部のパートナーとの連携を通じて、AI や IoT などの先端技 術を活用したソリューションを提供しています。

これらの例では、家電・電機メーカーが外部の知識や技術を 活用し、新しい製品やサービスを開発することで、市場に革新 をもたらしています。オープンイノベーションは、家電・電機業 界においても競争力を高めるための重要な戦略となっています。

このように、続けて質問をすることで、よく知らなかった概念の理解を深め ていくことができます。

21 PDF の要約

AskYourPDF、ChatWithPDF などのプラグイン（有料版のみ）を利用

　ChatGPT は、なんとウェブサイトだけでなく、ウェブ上に掲載されている PDF の内容まで読み込んでくれます。その内容について聞くこともできますし、要約してもらうこともできます。いくつか PDF を読めるプラグインがありますので、使いやすいものを使いましょう。ここでは AskYourPDF というプラグインを使ってみます。

プロンプトの型

以下の PDF を要約してください。(1)

（PDF の URL を貼り付け）(2)

---

(1) 単に「要約してください」とするのではなく「箇条書きにしてください」「見出しを付けて、項目ごとにまとめてください」というように指示することも可能です。
(2) インターネット上にアップされている PDF のみが対象です。自分の PC 上にあるものは指定できません。また、AskYourPDF のプラグインでは Google ドライブや Dropbox などのクラウドサービス上にある PDF の内容も読み込むことができます（ChatWithPDF では今のところできないようです）。

　では試しに、経済産業省の「ネガティブエミッション市場創出に向けた検討会とりまとめ」資料の PDF を要約してもらいましょう。

ChatGPT との会話例

以下の PDF を要約してください。
https://www.meti.go.jp/press/2023/06/20230628003
/20230628003-1.pdf

この文書は、2023 年 6 月までにネガティブエミッション市場を創出するための研究グループの考察の要約です。それは、二酸化炭素の除去とネガティブエミッション技術、政策と市場の動向、ネガティブエミッションへの理解と需要の促進の戦略などのトピックをカバーしています。レポートは、成功した市場を作り出すための潜在的な道筋として、政府の支援、クレジットの利用、ビジネスモデルの推進を提案しています。

さらに詳しい情報が必要な場合や、特定の部分についての質問がある場合はお知らせください。また、この文書をいつでも削除することができます。削除するには、次のリンクを訪れてください：https://askyourpdf.com/delete/16efd819-
e8c2-4a53-a20a-eb4d47d1bfa9

　このように、かなり短く要約してくれました。では続けて、気になったポイントについて、もっと詳細を聞いてみましょう。

ChatGPT との会話例

成功した市場を作り出すための潜在的な道筋として示している、政府の支援、クレジットの利用、ビジネスモデルの推進とは具体的にどのようなものですか？

この文書によると、政府の支援、クレジットの利用、ビジネスモデルの推進について以下のような具体的な内容が示されています：

1. 政府の支援：海外展開に向けた支援例として JBIC GREEN（Global action for Reconciling Economic growth and ENvironmental preservation）が挙げられています（ページ45）。

2. クレジットの利用：米国のインフレ削減法（IRA）における DAC（直接空気回収）への税額控除が例として挙げられています。この制度では、2032年までに運転開始した施設（年間回収量が1千トン/年以上）を対象に、運転開始から12年間、回収した CO2 の量に応じて税額控除クレジットが付与されます（ページ14）。

3. ビジネスモデルの推進：農業や水産業など、CDR（二酸化炭素直接回収）が副産物であるような場合、CDR のクレジット収益のみに立脚したビジネスではなく、主産業による収益が見通しやすいビジネスモデルを推進することが重要とされています。また、CDR のコベネフィット（副次的な利益）により既存事業の収益性向上や高付加価値化を実現しているビジネスモデルも存在するとされています（ページ51）。

以上のような具体的な取り組みを通じて、ネガティブエミッション市場の創出と拡大が推進されると考えられます。

　具体的な内容を聞くと、このようにページ番号も示して回答してくれました。元の資料を読み込む必要が出てきた際にも、非常に参考になりますね。

22 動画の要約

VoxScript のプラグイン（有料版のみ）を利用

　ウェブサイトや PDF だけではなく、なんと、YouTube などの動画の要約を作ってもらうこともできます。30 分以上ある YouTube 動画の内容を 1 分足らずで要約してくれるのです。動画を視聴する前に、ざっと概要をつかめると、理解度も高まりますし、全体を見る価値のある動画かどうかを判断する材料にもなりますね。

　動画の要約をする際には VoxScript というプラグインを使用します。

プロンプトの型

以下の動画を要約してください。(1)

（動画の URL を貼り付け）(2)

---

(1) 単に「要約してください」とするのではなく「箇条書きにしてください」「見出しを付けて、項目ごとにまとめてください」というように指示することも可能です。

(2) インターネット上にアップされている動画のみが対象です。自分の PC 上にあるものは指定できません。

　試しに、「社会人の英語学習やビジネスにおける ChatGPT の活用状況」に関するセミナー動画の要約を作ってもらいましょう。

以下の動画を要約してください
https://www.youtube.com/watch?v=zZBUXdYenQc

この YouTube 動画は、AI とその応用についてのプレゼンテーションのようです。以下にその要約を示します：

1. 特に英語学習やビジネスに関連するものが注目を集めています。

2. 翻訳検索ツールとして、DeepL がよく使われています。

3. 英語学習ツールとしては、ELSA や Speak が人気です。特に Speak は OpenAI の出資を受けており、GPT の機能を使用しているため、非常に自然な英会話が可能です。

4. チャットツールとして、ChatGPT が注目されています。これはテキストベースのツールで、音声での会話が可能で、アバターが口を動かすことで、まるで実際に人と会話をしているかのような体験を提供します。

5. 業務ソフトとしては、Microsoft 365 の Copilot がリリースされています。これは、ユーザーがワードを使いながら ChatGPT のような機能を使用できるようにするもので、文章作成やエクセル作成などに活用できます。

6.Google も新しい機能を Google Docs やスプレッドシートに追加すると発表しています。

7.AI の認知度はまだ高くないものの、関心のある人々の間で
はすでに活用が始まっています。

8.AI を活用することで、今まで 10 時間かかっていたスライド
作成が 1 時間程度でできるようになると期待されています。

9.AI と共存する未来に向けて、AI を試して使ってみて、その
能力と問題点を理解することが重要であると述べています。

10. 最後に、音声ベースのインターフェースが今後の主流にな
ると予測しています。すでに Chrome の拡張機能を使って音
声でのやり取りが可能で、これがシームレスに行えるようにな
ると予想しています。

以上が動画の主な内容です。

▶ ChatGPT の無料版を使っている方は
　ChatGPT を無料版で使っている場合には、Chrome 拡張機能の
「ChatGPT Glarity、YouTube と Google を要約」をインストールし、オン
にして YouTube を開くと、動画の右側に要約が出てきます。

　Chrome 拡張機能の「ChatGPT Glarity、YouTube と Google を要約」
はこちらから。

　https://chrome.google.com/webstore/detail/chatgpt-glarity-
summarize/cmnlolelipjlhfkhpohphpedmkfbobjc?hl=ja

23 図解

Show Me Diagrams プラグイン（有料版のみ）を利用

　ChatGPT 単体では図を作ることが難しかったのですが、Show Me Diagrams というプラグインを使うことで図解ができるようになりました。難しい概念や複雑なビジネスモデルなどは、図解すると非常にわかりやすくなりますので、ぜひ活用してください。
　また、出力された図はオンライン上で編集できるようになっているので、適宜自分で修正が可能でとても便利です。

プロンプトの型

一般的なクラウドソーシングサービスのビジネスモデル (1) を図解してください。図の中の言葉は日本語にしてください。(2)

(1) どんなものでも図解できますが、複雑な概念やビジネスモデルなどの図解に利用すると効果的です。
(2) この一文を入れておかないと図の中の言葉が英語になってしまうことが多いので、入れておきましょう。

ChatGPT との会話例

一般的なクラウドソーシングサービスのビジネスモデルを図解してください。図の中の言葉は日本語にしてください。

以下にクラウドソーシングサービスの一般的なビジネスモデルを図解したものを示します。

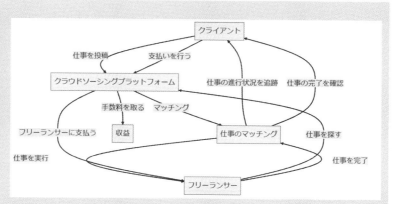

新しいタブで図を開くことができます。

この図をオンラインで編集したい場合はこちらからどうぞ。

この図は Mermaid 言語で作成されたグラフ型の図です。

図の改善のアイデアを見るには、"show ideas"というキーフレーズを使用してください。

他の図の種類や言語を探索するには、"explore diagrams" というキーフレーズを使用してください。

　すると、このようにクラウドソーシングサービスの複雑なビジネスモデルを図解してくれました。わかりやすいですね。「この図をオンラインで編集したい場合はこちらからどうぞ。」というところをクリックすると、図を編集することが可能です。

　また PDF の内容を図解してもらうこともできます。その場合には Show Me Diagrams と AskYourPDF のプラグインを両方オンにして使います。プラグインは現在のところ 3 つまで同時にオンにすることができます。

では、「インターンシップを始めとする学生のキャリア形成支援に係る取組の推進に当たっての基本的考え方」に関する文科省、経産省、厚労省からの文書の PDF を読み込ませて、その内容を図解してもらいましょう。

以下の PDF の内容を図解してください。図の中の言葉は日本語にしてください。
https://www.meti.go.jp/policy/economy/jinzai/intern/PDF/20220613002set.pdf

この PDF は、日本政府が大学生のキャリア開発支援、特にインターンシップの推進に関するガイドラインを発行したものです。ガイドラインは産業界と学界の代表者間の議論に基づいて作成され、キャリア開発支援を 4 つのタイプに分類しています。そのうちのタイプ 3 と 4 がインターンシップと定義されています。

ガイドラインでは、学問的な学習と現実世界の経験をつなげ、キャリア意識とスキルを開発するためのインターンシップの重要性が強調されています。インターンシップの定義には、学生が自分の興味や将来のキャリアに関連する実務経験を得る活動が含まれています。また、ガイドラインでは、一部のキャリア開発支援がインターンシップとして分類されない場合でも、学生に教育的な利益とキャリア開発の利益をもたらすことを認めています。

このドキュメントは、あなたが必要とする情報を提供するためにここに保存されています。あなたがさらに質問を持っている場合は、どんな質問でもお気軽にどうぞ。また、あなたのドキュ

メントをいつでもここで削除することができます。

さて、この情報を基に図解を作成します。少々お待ちください。

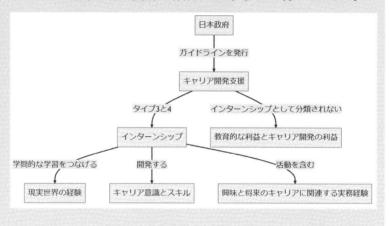

　このように、まず PDF の内容を要約した上で、それを図解してくれます。
格段に内容をつかみやすくなりますね。

マインドマップ作成

Whimsical Diagrams プラグイン（有料版のみ）を利用

　マインドマップとは、アイデアや情報を視覚的に整理するためのツールです。テーマを中心に置き、放射状に広がる枝を使って、アイデアや情報を整理していきます。マインドマップは様々な場面で使えます。仕事では、アイデアの生成や整理、プロジェクト管理、問題解決、ブレストなどに使えますし、それ以外でも、学習内容のまとめ、読書メモなどに使えます。マインドマップを使うと、創造性や思考プロセスを活性化させることができるので、ぜひChatGPTと一緒に活用しましょう。

　先ほどの Show Me Diagrams プラグインでもマインドマップを作成できますが、Whimsical Diagrams というプラグインのほうが、よりきれいでカラフルなマインドマップを作ってくれますので、見やすさ重視の場合には Whimsical Diagrams がおすすめです。また、出力された図はオンライン上で編集できるようになっているので、適宜自分で修正が可能でとても便利です。

プロンプトの型

「Society 5.0」の概念 (1) をマインドマップにしてください。(2) 図の中の言葉は日本語にしてください。(3)

---

(1) 何をマインドマップにしてほしいか、できるだけ具体的に記載しましょう。

(2)「マインドマップに」と指定せずに「図解してください」とリクエストした場合には、内容に応じて最適な形式で図解をしてくれます。

(3) この一文を入れておかないと図の中の言葉が英語になってしまうことが多いので、入れておきましょう。

「Society 5.0」の概念をマインドマップにしてください。図の中の言葉は日本語にしてください。

もちろんです。Society 5.0 の概念を理解するためのマインドマップを作成しましょう。以下のような構造を提案します：

Society 5.0
定義
目的
主要な要素
IoT
AI
Big Data
Robotics
社会への影響
経済
教育
ヘルスケア
交通
チャレンジ
プライバシーとセキュリティ
デジタルデバイド
インフラの必要性

この構造は、Society 5.0 の主要な側面をカバーしています。これに基づいてマインドマップを作成します。どう思いますか？

いきなり図解を作ってくれることもあれば、この例のように、まず構造を提案してくれることもあります。「いいですね、お願いします」と促すと、次のようにマインドマップを作ってくれます。

以下に、Society 5.0 の概念についてのマインドマップを表示します：

Society 5.0 の概念

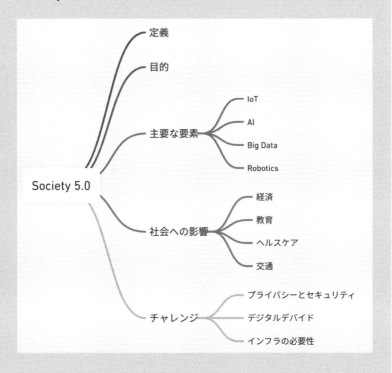

このマインドマップをさらに詳しく見たり、編集したりするには、以下のリンクをクリックしてください：
<u>Whimsical でこのダイアグラムを表示または編集する</u>

　「Whimsical でこのダイアグラムを表示または編集する」というところをクリックして、続けてマインドマップを Whimsical のサイトで編集することも可能です。

　その他、アイディア出しや観点の洗い出しにマインドマップを使うのも有効です。

ChatGPT との会話例

来年度の新卒研修の内容を企画するにあたって検討すべきことをマインドマップでまとめてください。図の中の言葉は日本語にしてください。

以下に新卒研修企画の検討事項をマインドマップでまとめました。

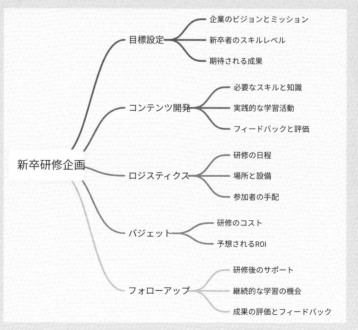

このマインドマップを Whimsical で見るまたは編集する

　このように、検討すべきことの洗い出しもマインドマップにしてもらうと、そこから発展して追加で検討事項を考えることができて便利ですね。

[マーケティング・PR に活用しよう]

CHAPTER 05

マーケティング・PR に活用しよう

　ほとんど全ての組織において、マーケティングやPRは非常に重要です。マーケティングは顧客のニーズや要求を理解し、商品やサービスを効果的に提供するための戦略を立てることがメインです。PRはいわゆる「宣伝」を行って商品やサービスの拡販に繋げることはもちろんのこと、組織のイメージや評判を築き、顧客や取引先とのコミュニケーションを強化することに役立ちます。効果的なマーケティングやPRを行うことで、顧客獲得やロイヤルティの向上、競争力の獲得が可能になります。この重要な活動のなかで、ChatGPTを様々な方法で活用することができます。

この章で紹介する ChatGPT 活用法はこちら

25. 販促物作成
26. 分析
27. ペルソナ
28. ユーザーインタビュー
29. プレスリリース作成
30. キャッチコピー作成
31. ブログ・コラムなどのネタ出し
32. Web ライティング（ブログ・コラムなど）
33. リスクマネジメント（SNS の炎上リスクチェック）

25　販促物作成

　チラシ、DM、パンフレット、バナー、カバー画像といった販促物を作成することがあると思います。こういったものはフォントや画像などの素材を選ぶだけでもセンスが必要です。仕上げはプロに依頼するとしても、発注前の段階で、社内の関係者がイメージのすり合わせをしたり、プロに依頼する際のラフを作る上で、ChatGPT を活用すると非常に便利です。もちろん、ある程度センスのある人がいれば、ChatGPT の提案をもとに自社でデザインをしてもいいですね。画像も出してくれると便利なのですが、現在のところ、ChatGPT だけでは画像を出してくれる機能はなく、文字ベースでの提案になります。

プロンプトの型

　以下の条件で、動画を利用したブランディング支援サービスのチラシ(1)を作成してください。各面のデザイン、画像、フォント、フォントサイズ、フォントカラー(2) を提案してください。

（サイズ、入れたい内容、強調したいことなどを追記）(3)

---

(1) 作成したい販促物を具体的に記載しましょう。
(2) 作成してほしい要素を具体的に記載しましょう。
(3) 決まっていることや、強調したいことなど、イメージがあれば記載しておきましょう。特になければ、追記せずにお任せしても構いません。

以下の条件で、動画を利用したブランディング支援サービスの
チラシを作成してください。各面のデザイン、画像、フォント、フォ
ントサイズ、フォントカラーを提案してください。

・チラシは A4、表裏あり
・会社名「ABC Company」を入れる
・サービスの特徴として「徹底したヒアリングにより魅力を伝え
られる動画を制作できること」を強調
・魅力的なキャッチフレーズを英語で入れてください
・モダンで洗練されたイメージを出してください

チラシの提案は以下のとおりです：

表面デザイン

1. 画像：モダンで洗練された感じを出すために、ミニマリスト
な動画カメラまたはビデオ編集のイラストを中央に配置します。
周囲には抽象的な形状やラインを散りばめて、動的な感じを出
します。

2. フォント："Avenir Next" または "Helvetica Neue" を使用。
これらのフォントはモダンで読みやすさがあり、プロフェッショ
ナルな感じを出します。

3. フォントサイズ：会社名「ABC Company」を目立つように、
大きめのフォントサイズ（36pt）で設定。キャッチフレーズは
それより小さめのサイズ（24pt）で設定。

4. フォントカラー：黒と深い青を主としたカラーパレットを使用。黒は本文、青は強調部分に使用。

5. キャッチフレーズ："Craft Your Story, Frame by Frame"

裏面デザイン

1. 画像：カメラが焦点を絞り込んでいる具体的なビジネスシーンを描く。具体的にどのようなビジネスストーリーも映像化可能であることを伝えます。

2. フォント：表面と同様、"Avenir Next" または "Helvetica Neue" を使用。

3. フォントサイズ：会社名は同じく 36pt、サービスの特徴を強調する文章は 20pt に設定。

4. フォントカラー：黒と深い青を使用し、サービスの特徴を強調する文章の一部を青色にして目立たせます。

5. 文章：「我々はあなたの魅力を最大限に引き出し、それを映像として世界に伝えます。徹底したヒアリングにより、その魅力を的確に伝えることが可能です。」

このデザインは、ABC Company が提供する高品質なサービスとプロフェッショナルさを強調することを目指しています。ミニマリズムと抽象的な要素が視覚的な興奮を引き立て、キャッチフレーズとサービスの特徴が ABC Company の提供価値を強調します。

特に、強調したいこと、キャッチフレーズ、イメージなどをしっかり書いておくと、欲しい内容を出力してくれます。

　このように ChatGPT でたたき台を作って、関係者で認識合わせをしてから発注すると、納得感のある良いものができますね。

Column1：画像を自分で作成したい場合

　画像生成の AI ツールもたくさん出ています。これらを使うと、デザイナーやイラストレーターでなくても、イメージに合った画像を作成することができます。以下に、日本語でも利用可能な使いやすいツールを紹介します。

Canva AI Image Generator
https://www.canva.com/ai-image-generator/

Bing Image Creator
https://www.bing.com/create

　画像を生成する際にも、プロンプト（指示文）を具体的に入力することでイメージに近いものが出てきますので、色々工夫しましょう。
　「近未来的な建物、背景に白い雲」「楽しそうな子どもたちがいる教室」「夜景のきれいな高台の公園」など一般的なものから、「タキシードを着た馬、アニメ風」「渋谷の交差点、ルノワール風」といったイメージまで、自由自在に作ってくれます。

26 分析

マーケティングや PR における分析は、効果的な戦略立案や ROI 最大化、ターゲット市場の理解、競合分析などに役立ちます。ChatGPT は様々な手法で分析を行ってくれますので、ぜひ効果的なマーケティングや PR を行うために、分析に活用しましょう。

プロンプトの型

あなたは優秀な戦略コンサルタントです。現状分析と新奇性のあるアイディアを考えるのが得意です。(1) 当社が検討している以下の新規事業のプラン (2) を、複数の手法で (3) 分析してください。

（新規事業プランの概要を記載）(4)

（当社の情報を記載）(5)

---

(1) 必須ではありませんが、このような文言を入れておくと、回答の質が上がることが多いです。
(2) 何を分析してほしいのか、具体的に記載しましょう。
(3) 特定の分析手法で分析してもらってもいいですし、特に決まっていない場合にはこのように「複数の手法で」とリクエストすると、内容にあった手法で分析してくれます。
(4) 分析対象を記載します。詳しく記載するほど、分析内容も精度が上がります。
(5) 当社の情報を記載します。こちらも詳しく記載するほど、分析に活かされます。

あなたは優秀な戦略コンサルタントです。現状分析と新奇性の
あるアイディアを考えるのが得意です。当社が検討している以
下の新規事業のプランを、複数の手法で分析してください。

＜新規事業プラン＞
旅行者参加型の地域活性化プロジェクト：旅行者が地元のコ
ミュニティと直接交流し、その地域の文化や伝統を体験できる
旅行プランを提供する。

＜当社の情報＞
当社エアヴィジョントラベルは、旅行会社で、顧客に革新的な
旅行体験を提供することをミッションとしている。独自のプラン
ニング力が強み。
事業内容は、パッケージツアーの提供、航空券の手配、宿泊
施設の予約、現地ガイドの手配、イベントの企画・運営

新規事業プランである「旅行者参加型の地域活性化プロジェク
ト」について、以下の手法で分析を行います。

1.SWOT分析：

・Strengths(強み)：当社はパッケージツアーの提供、航空券
の手配、宿泊施設の予約、現地ガイドの手配、イベントの企
画・運営、24時間サポート等の幅広いサービスを展開している。
これらのサービスは旅行者が地域の文化や伝統を体験するた
めの基盤となる。
・Weaknesses(弱み)：旅行者が地元のコミュニティと直接交
流するためには、言語や文化の壁が挑戦となる可能性がある。
これらを克服するためには、より専門的なリソースや知識が必

要となる。

（中略）

3. ポーターの５フォース分析：

・競争者の脅威：地域活性化プロジェクトは現在人気があり、多くの旅行会社が参入を考えている可能性がある。
・新規参入の脅威：このプロジェクトは特定の地域と深く結びついており、成功するためには地元の理解と協力が必要である。これは新規参入者にとって高い障壁となる可能性がある。
・サプライヤーの交渉力：地域のコミュニティやパートナー企業が、このプロジェクトの成功に大きく寄与するため、彼らの交渉力は高いと考えられる。
・バイヤーの交渉力：消費者は様々な旅行プランのなかから選択することができる。したがって、当社の提供する体験が他社と比べて魅力的であることが重要となる。
・代替品の脅威：オンラインの体験型サービスやバーチャルリアリティによる観光体験など、新しいタイプの旅行体験が出現している。これらは当社の事業にとって代替品となる可能性がある。

以上の分析を通じて、新規事業プランの有効性を検証し、成功に向けた戦略を練ることが可能となります。

このように、プロンプトで記載した新規事業プランと会社の情報をもとに、複数の方法で分析をしてくれました。この分析結果に対して追加質問をして深掘りしていくと、さらに実用性のある分析になっていきます。

「代替品の脅威」にあげられている「新しいタイプの旅行体験」には、具体的にどのようなものがありますか。

新型コロナウイルスの影響で現在の旅行業界では、物理的な移動を伴わない新しい形の旅行体験が求められています。以下に具体的な例をあげてみます：

1. バーチャルリアリティ（VR）と拡張現実（AR）体験：VR/AR 技術は、ユーザーが自宅にいながらにして世界各地を訪れる、あるいは歴史的な場所やイベントを体験することを可能にしています。これらの技術は特に現状では旅行が困難な人々や、身体的な制約がある人々にとって有用です。

2. オンラインツアーと体験：インターネットを活用したオンラインツアーも増えています。旅行者はガイドのライブ配信を通じて実際の場所を探索したり、遠隔地の料理教室やアートクラスに参加したりすることができます。

3.e ラーニングと文化教育：世界の歴史、文化、芸術に関するオンラインコースやセミナーも旅行の代替となり得ます。これらのプログラムを通じて、旅行者は訪れたことのない地域や異なる文化について深く学ぶことができます。

これらの新しい形の旅行体験は、現状の旅行制約を補完し、さらには旅行者の体験を豊かにする可能性を持っています。また、これらの方法は物理的な旅行と組み合わせることで、よりパーソナライズされた旅行体験を提供することも可能です。

　新規事業や新商品を考える際には、「ペルソナ」という想定される顧客、ユーザー像を設定することが一般的です。ペルソナを設定すると、ターゲットを明確化することができるため、社内の関係者で新規事業や新商品を考える際の共通認識ができて、コミュニケーションがしやすくなります。また、そのターゲットに対する効果的なマーケティング、PR 戦略の策定にも繋げることができきます。ペルソナは担当者が感覚的に設定してしまうと、一般的によくいる人を適切に表せているのかがわかりません。ChatGPT は「一般的なこと」「客観的によくいわれていること」を出力することが得意なので、このペルソナの設定も ChatGPT に手伝ってもらいましょう。

プロンプトの型

　当社の新商品であるダイエット飲料のペルソナ (1) を３つ設定してください。年齢、性別、家族構成、職種、ライフスタイル、趣味嗜好 (2) にバリエーションを持たせてください。

（ターゲットについて決まっていることがあれば追記）(3)

---

(1) 何のペルソナを設定してほしいかを記載しましょう。
(2) どのような項目を設定してほしいか、バリエーションを持たせてほしいかを記載しましょう。
(3) ターゲットの年齢層の幅や性別などが決まっている場合には、追記しておきましょう。

ChatGPT との会話例

当社の新商品であるダイエット飲料のペルソナを 3 つ設定してください。年齢、性別、家族構成、職種、ライフスタイル、趣味嗜好にバリエーションを持たせてください。

了解しました。新商品のダイエット器具に向けたペルソナを 3 つ作成します。

1. ペルソナ：ユミコ
年齢：32 歳
性別：女性
家族構成：既婚で 1 歳の子供がいる。
職種：パートタイムのデータ入力スタッフ
ライフスタイル：子育てと仕事の両立を試みている。通勤時間は短いが、自宅から近いジムに通う時間を見つけるのが難しい。
趣味嗜好：料理、読書、ウォーキング。健康と子育てに関する情報をよく調べる。

2. ペルソナ：タケシ
年齢：45 歳
性別：男性
家族構成：既婚で中学生の子供が 2 人いる。
職種：IT エンジニア
ライフスタイル：デスクワークが多く、一日の大部分を座って過ごす。健康診断で体重増加と指摘され、健康に気をつけ始める。
趣味嗜好：映画鑑賞、コーヒー、ガジェット集め。新しいテクノロジーに興味があり、自分の生活に取り入れることを楽しんでいる。

3. ペルソナ：ミドリ
年齢：60 歳
性別：女性
家族構成：夫と二人暮らし、子供は独立している。
職種：退職したが、地域のボランティア活動に積極的に参加している。
ライフスタイル：定年後の生活を楽しんでいる。体力維持と健康寿命を延ばすために、適度な運動を心掛けている。
趣味嗜好：ガーデニング、旅行、地域の集まり。友人との交流や新しいことを学ぶことを楽しんでいる。

これらのペルソナは新商品の開発とマーケティング活動において、様々なお客様の要望やライフスタイルを考慮するのに役立つでしょう。

　このように 32 歳の女性、45 歳の男性、60 歳の女性という 3 人のペルソナを設定してくれました。家族構成、職種、ライフスタイル、趣味嗜好にもしっかりバリエーションを持たせてくれています。いかにも、いそうな人たちですよね。そして、ダイエット器具に関心を持ってくれそうな人たちです。

　もう少し若い世代のペルソナも欲しい、といったときには、以下のように追加リクエストをしてみましょう。

ChatGPT との会話例

20 代のペルソナも追加してください。

もちろんです、20 代のペルソナを追加します。

ペルソナ：ケンジ
年齢：26 歳
性別：男性
家族構成：未婚、シングル。一人暮らしを楽しんでいる。
職種：広告代理店の新入社員
ライフスタイル：社会人になり、自分の健康管理が必要になった。自炊を始め、ダイエットと筋力アップに関心を持つ。時間的な制約から定期的なジム通いが難しい。
趣味嗜好：音楽、映画、ソーシャルメディア。ヘルシーなレシピやフィットネスに関する情報を SNS で検索し、シェアする。

このペルソナは、自己表現と健康意識が高く、社会的な繋がりを通じて新たな情報やトレンドにアクセスする若い世代を反映しています。

　こうしたペルソナを資料に掲載する場合には、特徴が一覧表になっていると見やすいですね。ChatGPT に「作成してくれた 4 人のペルソナの特徴を一覧表にしてください」とリクエストして表を作ってもらいましょう。各ペルソナの特徴を見直ししたり、比較する際に役立ちます。

28 ユーザーインタビュー

　新商品を開発したり、新規事業の企画を行う際には、ターゲットとなりそうな人たちにユーザーインタビューを行うことが効果的です。実際にユーザーの声を聞くことで、商品開発や新規事業の企画に活かすことができます。もちろん、実際にユーザーにインタビューをするのが良いのですが、すぐに、または大量に行うことが難しい場合には、ChatGPTを使って模擬的なユーザーインタビューをしましょう。一般的に出てきそうな声をChatGPTが出力してくれるので、とても参考になります。

プロンプトの型

　以下の対象者にユーザーインタビューをしてください。一問一答形式で、想定される対象者の回答も出力してください。(1)

＜目的＞(2)
新商品のAI機能付きダイエット器具を試した感想を聞き、商品開発やマーケティング戦略の参考にする

＜対象者＞(3)

---

(1) この一文を入れておかないと、質問だけを出力してくることがあります。
(2) ユーザーインタビューの目的を具体的に記載しましょう。
(3) 対象者のペルソナを記載しましょう。複数のペルソナを指定することも可能です。

ChatGPT との会話例

以下の対象者にユーザーインタビューをしてください。一問一答形式で、想定される対象者の回答も出力してください。

＜目的＞
新商品の AI 機能付きダイエット器具を試した感想を聞き、商品開発やマーケティング戦略の参考にする

＜対象者＞
ペルソナ：タケシ
年齢：45 歳
性別：男性
家族構成：既婚で中学生の子供が 2 人いる。
職種：IT エンジニア
ライフスタイル：デスクワークが多く、一日の大部分を座って過ごす。健康診断で体重増加と指摘され、健康に気をつけ始める。
趣味嗜好：映画鑑賞、コーヒー、ガジェット集め。新しいテクノロジーに興味があり、自分の生活に取り入れることを楽しんでいる。

＜インタビュー＞

Q1：私たちの新しい AI 機能付きダイエット器具を使用した初回の感想は何でしたか？
A1：正直に言うと、初めて使ったときはちょっと困惑しました。いつもは静かなリビングが音声ガイダンスで騒がしくなったので。でも、そのガイダンスがかなり具体的で、どのエクササイズをどう行えばいいのかがよくわかるので、初心者の私でもすぐに取り組めました。

Q2：毎日の運動習慣を作る上で、この器具はどのように役立っていますか？

A2：これがあるおかげで毎日の運動が習慣化しました。適切なフォームでエクササイズを行うことの重要性を教えてくれますし、日々の進捗を見られるのがモチベーションに繋がっています。さらに、自分のペースに合わせてエクササイズの強度を調整してくれるので、無理なく続けられています。

Q3：AI機能について、特に気に入った点や改善点を教えていただけますか？

A3：気に入っている点は、パーソナルなフィードバックを提供してくれることですね。それが達成感を感じるのに大いに貢献しています。一方、改善点としては、音声ガイダンスのボリューム調整がもう少し柔軟だと嬉しいです。早朝や深夜に使いたいときに、家族を気にせずに使えるようになれば良いなと思います。

Q4：この器具を使った結果、健康状態やライフスタイルに変化はありましたか？

A4：はい、大いにありました。以前よりエネルギッシュに感じて、毎日の仕事のパフォーマンスも上がっています。体重も少しずつ落ちてきて、健康診断の結果も良好になりました。また、運動を習慣化できたことで、自己管理のスキルも身に付いたと感じています。

Q5：最後に、同じように健康に意識を向けている他の人たちに対して、このダイエット器具を推薦しますか？

A5：間違いなく推薦します。特にデスクワークが多い人や、運動を始めるのに迷っている人にはぴったりだと思います。新しいテクノロジーを取り入れたダイエット器具なので、使い始めるのは楽しいし、その結果も確実に感じられますからね。

　このように、ChatGPT がインタビュー項目を考えてユーザーインタビューを
してくれて、想定される回答も出力してくれます。では、追加の質問もしてみ
ましょう。

　機能面やデザイン面で、何か不満や改善してほしい点があれば
教えてください。

A6：機能面では先ほど触れたとおり、音声ガイダンスのボリュー
ム調整がもう少し柔軟にできると良いです。また、AI がもっと
リアルタイムで動きを分析し、エクササイズ中のフォームの微
調整の指示を出せると、もっと理想的だと思います。

デザイン面では、見た目はシンプルでスマートで好きなんです
が、保管場所に困ることがあります。もう少しコンパクトに収
納できるとか、壁掛けできるようなデザインだと使いやすいで
すね。

　このように、良い面だけでなく、改善点も聞くとフィードバックとして商品開
発に活かせますね。そのほか、価格面や購入のしやすさなど、重要と思われ
る点はどんどん聞いていきましょう。

29 プレスリリース作成

　新商品や新サービスをお披露目する際、プレスリリースを出すことが多いと思います。最初に新商品や新サービスを紹介する大事な機会ですので、アピールしたいところを効果的に書けるように、ChatGPTに手伝ってもらいましょう。

プロンプトの型

　あなたは優秀なコピーライターです。商品の魅力が伝わりやすく、目を引くキャッチコピーを作成することが得意です。(1)
　最新のAIテクノロジーを使った生活習慣病予防アプリ(2) のプレスリリースを書いてください。

　<含めたい内容>(3)
・会社名：Vital Net Lab 株式会社
・リリース：2023 年 10 月 1 日
・アプリ名：Wellness Assist
・料金：一部有料（アプリ内課金あり）
・iPhone 版のみ（Android 版は開発中）
・トライアルユーザーからの好意的な声を入れる

---

(1) 必須ではありませんが、このような文言を入れておくと、回答の質が上がることが多いです。
(2) 何のプレスリリースを作成してほしいかを具体的に記載しましょう。
(3) 会社名、リリース日、商品名、特徴など、プレスリリースのなかに含めたい内容を記載しましょう。具体的に決まっていなくても、入れておきたい項目があれば記載しておくと、ChatGPT が内容を考えて提案してくれます。

ChatGPTとの会話例

あなたは優秀なコピーライターです。商品の魅力が伝わりやすく、目を引くキャッチコピーを作成することが得意です。
最新のAIテクノロジーを使った生活習慣病予防アプリのプレスリリースを書いてください。

＜含めたい内容＞
・会社名：Vital Net Lab 株式会社
・リリース：2023年10月1日
・アプリ名：Wellness Assist
・料金：一部有料（アプリ内課金あり）
・iPhone版のみ（Android版は開発中）
・トライアルユーザーからの好意的な声を入れる

【プレスリリース】

新世代AI技術が生活習慣病予防をサポート！ Vital Net Lab 株式会社、「Wellness Assist」をリリース

2023年10月1日、Vital Net Lab 株式会社

Vital Net Lab 株式会社（本社：東京都）は、AIテクノロジーを活用した革新的な健康アプリ「Wellness Assist」を、2023年10月1日にリリースいたします。生活習慣病の予防に特化したこのアプリは、個々の生活パターンに合わせた健康管理を可能にします。

「Wellness Assist」は、高度なAIが個々のユーザーのライフスタイル、食事習慣、運動状況を学習し、その情報に基づい

た個別の予防策を提示します。食事の提案から睡眠時間の最適化、適度な運動プログラムまで、AI があなたの健康管理をトータルでサポートします。

初期ユーザーの間からはすでに好意的な反響が寄せられております。「自分の生活習慣に合わせた具体的な提案が得られる点が、他の健康アプリとは一線を画す特徴だと感じました。」、「AI によるパーソナライズされたフィードバックが、健康管理を継続するモチベーションになっています。」との声をいただいております。

現在「Wellness Assist」は iPhone 向けに提供され、一部有料機能（アプリ内課金あり）を含みます。安心・安全な生活習慣病予防を求める全ての方々に、この画期的なアプリをご利用いただけます。なお、Android 版は現在開発中であり、近日中のリリースを予定しております。

Vital Net Lab 株式会社は、最先端の AI 技術を利用し、全ての人々が健康で充実した生活を送るためのサポートを提供し続けます。「Wellness Assist」を通じて、生活習慣病予防の新たな一歩を踏み出しましょう。

会社概要
会社名：Vital Net Lab 株式会社
（以下省略）

　ChatGPT がこのようにプレスリリースを作ってくれました。商品の詳細やトライアルユーザーの好意的な声は具体的に記載しませんでしたが、ChatGPT が考えて入れてくれています。
　使ってほしいキーワードや、アピールしたい商品の特徴などがあれば、プロンプトで追記して、魅力的なプレスリリースを作ってもらいましょう。

30　キャッチコピー作成

　広告やウェブサイト、SNS ではもちろん、プレゼンや営業資料などでも、魅力的なキャッチコピーがあると、印象に残りやすくなります。ただ、キャッチコピーを自分一人で考えようとすると1時間も2時間もかかってしまうことがあると思います。ChatGPT に協力してもらうと、30個のキャッチコピーをたったの1分程度で考えてくれます。少し難しい条件を付けても ChatGPT なら全然大丈夫です。

　ChatGPT がたたき台を作ってくれると、それをベースに自分でキャッチコピーを考えることがしやすくなります。ぜひ ChatGPT とともに、今日から「キャッチコピーを作れる人」になりましょう。

プロンプトの型

　あなたは一流のコピーライターです。斬新で印象的なキャッチコピーを作るのが得意です。(1) 以下の条件を満たす、これまでにない新しいアプローチの習慣化アプリのキャッチコピー (2) を30個考えてください。

（アピールしたい点、コピーに含めたい言葉などを追記）(3)

---

(1) 必須ではありませんが、このような文言を入れておくと、回答の質が上がることが多いです。
(2) 何のキャッチコピーを作成してほしいかを具体的に記載しましょう。
(3) アピールしたい点、コピーに含めたい言葉などがあれば追記しましょう。何文字程度で、など文字数を指定してもいいですね。

あなたは一流のコピーライターです。斬新で印象的なキャッチコピーを作るのが得意です。以下の条件を満たす、これまでにない新しいアプローチの習慣化アプリのキャッチコピーを 30 個考えてください。
・ニーズに合わせてカスタマイズできること、楽しみながら習慣化ができることをアピール
・親しみやすさ、簡単に使えるイメージを与える
・「あ」で始める

" アイデアを形に、習慣化はカスタマイズの遊び場 "
" 愛され続ける、あなただけの習慣プラン "
" 遊び心で育てる、あなただけの習慣森 "
" 安心して使える、あっという間の習慣作り "
" あなたのスタイルで、楽しみながら習慣化 "
" 愛で磨く、アップリフトの習慣化 "
" あなたの可能性、一緒に習慣化しよう "
" 遊んで学び、アチーブする新習慣 "
" アンビシャスでも気楽に、あなたの習慣化プログラム"
" あっという間に愛着、習慣づくりの友達 "
" アクションで始まる、あなただけの習慣ストーリー "
" アイデアと遊びで、あなたらしい習慣づくり "
" アクティブに、楽しみながら習慣化 "
" アドベンチャーのような、ワクワク習慣化 "
" 楽しみながら成長、あなたの習慣化パートナー "
" あなたに最適な道、習慣化への航路 "
" アウトプットは遊び、インプットは習慣 "
" アベニューへの道、楽しい習慣づくり "
" アクションの一歩、未来への習慣 "
" あなたと共に、習慣化の旅路 "

"アリーナを共有し、習慣づくりを楽しむ"
"アイデンティティと習慣、あなたの新しい友達"
"あなたの夢にあわせて、一緒に習慣化"
"アレンジ自由、あなた色の習慣づくり"
"アフターティーのように、楽しむ習慣化"
"アクティブライフ、習慣化で一歩リード"
"アウトレットを探す、習慣化の冒険"
"アトラクションのような、楽しい習慣化"
"アンロック可能、あなたの習慣化スキル"
"あなたの新しい一日、習慣化の視点"

　するとこのように、「あ」で始まるキャッチコピーを 1 分ほどで出力してくれました。ChatGPT の提案のなかでピンときたものがあれば、さらにそれを含んだ別のバージョンを追加で考えてもらうこともできます。

ChatGPT との会話例

「ワクワク習慣化」というフレーズを含んだ別のバージョンをあと 5 個考えてください。

"毎日が冒険、ワクワク習慣化"
"あなたらしさで、ワクワク習慣化"
"未知の領域を探し、ワクワク習慣化"
"新たな自分への扉、ワクワク習慣化"
"一緒に挑戦、あなたのワクワク習慣化"

　このように、ChatGPT と対話をしながら魅力的なキャッチコピーを作っていきましょう。

　自社のサービスや製品に関連するブログやコラムを掲載して、自社ウェブサイトへの流入を増やそうとしている会社は多いと思います。定期的にブログやコラムを書いていると、ネタに困ってしまうという担当者の方もいるのではないでしょうか。そんなときには ChatGPT にネタ出しを手伝ってもらうと、瞬時に、たくさんのネタを考えてくれてとても便利です。

プロンプトの型

> 組織開発 (1) に関連するコラムのネタを 20 個 (2) 考えてください。
>
> （会社の情報、コラムのメインターゲットなどを追記）(3)
>
> ───────────────────────────────
>
> (1) テーマを記載しましょう。
> (2) 20 個でなくても構いません。100 個など、大量に出してもらって絞っていってもいいですね。
> (3) ここは具体的に記載しておくほど、現実的に使えそうなネタを提案してくれます。

ChatGPT との会話例

組織開発に関連するコラムのネタを 20 個考えてください。

・当社は組織開発に関連するソフトウェアを提供する IT 企業
・ブログのメインターゲットは、組織開発の必要性を感じている企業の経営者、人事部門

『組織開発とは？ その基礎知識と重要性を理解する』

『当社のソフトウェアが組織開発にどのように貢献するのか』

『組織開発での最大の課題とその解決策』

『人事部門が主導する組織開発のためのベストプラクティス』

『組織開発の実例：成功事例と学び』

『組織開発に関連する重要なトレンドと予測』

『組織開発におけるエンプロイーエンゲージメントの役割』

『デジタルツールを活用した組織開発の進め方』

『組織開発のリーダーシップ：どのように向上させるか』

『変革を成功させるための組織開発戦略』

『社員のスキルアップを実現する組織開発のためのソフトウェア』

『組織開発の効果測定：成功をどのように知るか』

『組織開発と社員の個々の成長：両者の関係性』

『コミュニケーションと組織開発：その重要性と強化方法』

『組織開発における文化の役割とその醸成方法』

『組織開発に取り組む前に確認すべきポイント』

『新しい組織開発の概念：リモートワークと組織開発』

『組織開発の専門家に聞く：インタビューシリーズ』

『組織開発とビジネスパフォーマンス：その繋がりを理解する』

『当社が提供する組織開発ソフトウェアのユーザーエクスペリエンスとフィードバック』

　するとこのように、ChatGPT が組織開発に関連するネタをタイトル案のイメージで 20 個出してくれました。自分で 20 個のネタを考えると、結構時間がかかりますよね。20 個ではなく、もっとたくさん考えてもらって、そのなかから絞ってもいいですね。良いネタが見つかったら、その構成案を考えてもらい、ライティングのドラフトを作ってもらうという流れで、引き続き ChatGPT に活躍してもらいましょう。

32 Webライティング（ブログ・コラムなど）

ブログやコラムのネタが決まったら次はライティングです。ブログやコラムだと、数千字書くことが多いと思います。これはかなり大変な仕事ですよね。このライティングもChatGPTに手伝ってもらいましょう。ChatGPTなら、指定した形式で、タイトルや見出しも考えてくれます。一回で完璧なものを書いてもらうというよりは、追加したいポイント、詳しく解説してほしいポイントなどを追加で指示しながら、仕上げていきましょう。

プロンプトの型

あなたはプロのライターです。読みやすく、一貫性のある記事を書くのが得意です。(1)『組織開発のリーダーシップ：どのように向上させるか』というタイトルのコラム (2) を2000文字以上で (3) 書いてください。

（ターゲット、見出しの有無、目的などを追記）(4)

---

(1) 必須ではありませんが、このような文言を入れておくと、回答の質が上がることが多いです。

(2) タイトルが決まっている場合にはこのように書きましょう。タイトルが決まっておらず、テーマだけが決まっている場合には「XXに関するコラムを書いてください。タイトルも付けてください」とリクエストしましょう。

(3) この字数のリクエストは厳密には聞いてくれませんが、長めの文字数を指定しておくと、長めに書いてくれます。例えば、文字数を指定しなければ900文字程度、「2000文字以上で」と指定すれば1500文字程度書いてくれる、といった違いが出てきます。一度書いてもらってから「もっと長くしてください」のようにリクエストすることも可能です。

(4) コラムのターゲット、見出しの有無、コラムを書く目的などを追記しましょう。

あなたはプロのライターです。読みやすく、一貫性のある記事を書くのが得意です。『組織開発のリーダーシップ：どのように向上させるか』というタイトルのコラムを 2000 文字以上で書いてください。

・ターゲットは組織開発に関心のある企業の経営層、人事部門
・見出しを入れる
・読んだ人が当社のサービスに関心を持つようにする
・問合せ先も入れる（info@XXXXXX.co.jp）

組織開発のリーダーシップ：どのように向上させるか

リーダーシップとは何か：再定義のとき
リーダーシップという言葉を耳にするたび、それは一部の特権者が持つ能力や特別なスキルを指すものだと思われがちです。しかし、これは半分真実であり、半分は誤解です。確かに、リーダーシップは特定の役割を果たす個々の人間が持つべき重要なスキルでありますが、それは全ての組織のレベルで求められるものです。

リーダーシップとは、一言で言えば、他人を導き、影響を与え、目標に向かって行動することを促す能力です。これは組織の最上位から最下位まで、あらゆるレベルで必要とされます。しかし、強固なリーダーシップを構築するには、個々のリーダーが自身の役割と責任を理解し、その行動が組織全体の目標とどのように連動しているかを理解することが必要です。これはリーダーシップを再定義し、その重要性を再認識することから始ま

ります。

組織開発を推進するリーダーシップの育成

リーダーシップの向上と組織開発は、密接に関連しています。
強いリーダーは、組織の変革を推進し、チームや個々のメンバー
の成長を促進します。逆に言えば、組織開発はリーダーが必
要なスキルを磨き、新たな挑戦に対応するためのプラットフォー
ムを提供します。

組織開発をリードする人間は、新しいビジョンを設定し、組織
の構造や文化を再設計し、変革のプロセスを管理する必要が
あります。これは、単なる命令と指示では達成できない目標で
す。強固なリーダーシップがあることで、これらの目標を達成し、
組織全体を一体化し、共通のビジョンに向かって進むことが可
能となります。

そのため、組織開発とリーダーシップの向上は、一緒に考える
べきものです。強いリーダーシップは、組織の持続的な成長と
進化を可能にします。一方、組織開発のプロセスは、リーダー
が新たな能力を獲得し、チームと組織に対する理解を深める
ための機会を提供します。

私たちのソフトウェアでリーダーシップを向上させる

当社の組織開発ソフトウェアは、リーダーシップを向上させる
ための実践的なツールを提供します。このソフトウェアは、リー
ダーが自身のスキルを評価し、必要な改善を特定し、それに基
づいて行動計画を立てるのに役立ちます。

さらに、当社のソフトウェアは、組織の目標を明確に設定し、
それに基づいてチームのパフォーマンスを追跡する機能も提供
します。これにより、リーダーは、目標達成のための戦略を明

確にし、それをチームメンバーと共有することが可能となります。さらに、各メンバーのスキルと貢献を最大限に引き出すための戦略を立てることもできます。

組織開発のパートナーとして私たちができること

私たちは、組織の成長と個々のリーダーシップの発展をサポートするための戦略的パートナーでありたいと思っています。組織開発におけるリーダーシップの重要性を理解し、これを強化するための具体的な手段を提供することで、企業の成功を共に創り出すことを目指しています。

リーダーシップの向上と組織開発を成功させるためには、適切なツールと戦略が不可欠です。当社のソフトウェアと共に、その一歩を踏み出してみませんか？　あなたの組織が次のレベルに進むための具体的なステップを一緒に考えてみましょう。

詳細は info@XXX.co.jp までお問い合わせください。当社のエキスパートがご質問にお答えし、あなたの組織が成功へと進むお手伝いをさせていただきます。

組織開発とリーダーシップの向上は、企業の持続的な成功を可能にするための鍵となります。これらを強化するために必要なツールと戦略を提供することで、私たちはあなたの組織が目指す目標を達成するお手伝いをすることを約束します。さあ、一緒に新たな旅を始めてみましょう。

　このように ChatGPT が見出しを付けて、コラムのライティングをしてくれます。こうしたライティングは、なかなか一回で完璧なものは出てきませんが、ChatGPT に追加リクエストを重ねていくことで、だんだんイメージするものに仕上がっていきます。何回かやり取りをしながら、ChatGPT と共同でコラムを仕上げていきましょう。

　PR では、重要な仕事の一つにリスクマネジメントがあります。例えば、企業トップの発言が批判されたり、企業アカウントによる SNS 投稿が炎上したりすると、企業イメージが下がり、ときには大きな打撃を受けます。ChatGPT の活用法としては、例えば SNS 投稿をする前に ChatGPT にその内容を入力し、その投稿が一般的にどのように受け取られるか、あるいは特定の情報が間違っているかどうかなどについて意見を求めることが可能です。

プロンプトの型

> 　飲料メーカーが、Twitter で新商品を販売する告知をするときに (1) 以下のような tweet をした場合、炎上やその他のリスク (2) があれば教えてください。
>
> （投稿予定の文章を貼り付け）(3)
>
> ───────────────────────
>
> (1) SNS 投稿の背景、主体を具体的に記載しましょう。
> (2) 炎上以外にもリスクがある可能性があるので「炎上やその他のリスク」と記載しましょう。
> (3) 投稿予定の文章をそのまま貼り付けましょう。

ChatGPT との会話例

　飲料メーカーが、Twitter で新商品を販売する告知をするときに以下のような tweet をした場合、炎上やその他のリスクがあれば教えてください。

　新商品の〇〇ジュースは、今までにない斬新な味わいです。このジュースは、世界中から厳選した果物や野菜をブレンドし

たもので、まるでレストランで食べるような高級感があります。
このジュースを飲めば、あなたもセレブ気分を味わえますよ。

この tweet には、炎上する可能性があります。以下の理由が
考えられます。

誇大広告の可能性：「今までにない斬新な味わい」「まるでレ
ストランで食べるような高級感」といった表現は、消費者に誇
大な期待を抱かせる可能性があります。実際の商品がそれに
応えられない場合、消費者からの批判を招く可能性があります。

高級感への疑問：「このジュースを飲めば、あなたもセレブ気
分を味わえますよ」という表現は、一部の消費者には疑問や
反感を抱かせる可能性があります。特に、実際のジュースが高
価でない場合や、普通の飲料メーカーからの発売である場合、
信憑性に欠けると感じる人もいるかもしれません。

過剰な自己宣伝：自社の商品を過度に褒めることは、ユーザー
に対して傲慢な印象を与える可能性があります。他のユーザー
からは、「自分たちの商品ばかりを持ち上げている」という批
判が出るかもしれません。

以上の理由から、この tweet は一部のユーザーから反感を買
い、炎上のリスクが存在します。メーカーとしては、消費者の
期待に応えられる内容や客観的な情報を提供することが重要
です。また、顧客との対話を重視し、過度な自己宣伝を避ける
ことも大切です。

このように、炎上リスクの可能性を具体的に教えてくれます。投稿を作成した人には、客観的にリスクを判断することが難しいケースが多いので、このChatGPTによる事前チェックをぜひ活用しましょう。ChatGPTは、かなり保守的に、多めにリスクを提示してくれるようですので、必ずしもそれを全部真に受けて炎上リスクがあるから投稿をやめよう、と判断する必要はありません。ChatGPTが提示してくれた考え得るリスクのなかで重大なものがあれば、それを参考にして書き方を変えられる部分がないか、検討するようにしましょう。

転職・面接対策に活用しよう

CHAPTER 06

転職・面接対策に活用しよう

　ChatGPTを就職や転職対策に活用すると、数々のメリットが得られます。ChatGPTなら、いつでも相談できて、どんな業界、職種のことも幅広くサポートしてくれて、ユーザーの状況に合わせてアドバイスをしてくれます。そして自分の名前や応募先の名前を明かさなくてもアドバイスをしてくれて、匿名性が守れます。具体的な活用場面としては、職務経歴書や履歴書の作成、面接の対策などがあります。特に書類では、同じ経歴、バックグラウンドでも、書き方によってその魅力が伝わるかどうかが変わります。ChatGPTの力を借りて、きらりと光る魅力的な応募書類を用意しましょう。面接の練習もChatGPTとロールプレイをしておくと非常に役立ちます。

この章で紹介する ChatGPT 活用法はこちら

34. 職務経歴書作成
35. 自己 PR 作成
36. 英文 CV 作成
37. 面接の練習

34 職務経歴書作成

　転職時の応募書類として最も重要なのが職務経歴書です。職務経歴書を読むと、応募者のスキル、経験、実績が具体的にわかるからです。効果的な職務経歴書が提出できると、面接に進むことができるだけでなく、面接だけではわからないバックグラウンドや強みも伝えることができます。さらに、魅力的な職務経歴書を書けること自体が、あなたが自分自身のキャリアや強みをしっかり自覚し、それを他者に伝える能力を持っていることを証明します。より幸せなキャリアをつかむために、重要な第一歩となる職務経歴書の作成をChatGPTに手伝ってもらいましょう。

プロンプトの型

　以下の会社に採用されるために、私の魅力を最大限アピールする、最高の職務経歴書 (1) を作成してください。

＜募集情報＞ (2)

＜自分の情報＞ (3)

---

(1) このように記載しておくと、質が上がることが多いです。
(2) 応募したい職の募集情報を記載しましょう。会社の情報も入れておくといいですね。特にどういう資格やスキルが必要か、どんな人材が求められているかというところを詳しく書いておくと、それに対応する魅力的な職務経歴書を作ってくれます。
(3) 自分の情報を記載します。できるだけアピールしたい情報を入れておきましょう。

以下の会社に採用されるために、私の魅力を最大限アピールする、最高の職務経歴書を作成してください。

＜募集情報＞
【会社名】XYZ 株式会社

（中略）

【職種】コミュニティマネージャー

【職務内容】
・会社のブランドイメージと一致したコミュニティ戦略の開発
・コミュニティ内での会話を促進し、ユーザーエンゲージメントを向上させる
・コミュニティメンバーのフィードバックを収集し、製品開発チームへのフィードバック
・コミュニティの健全性と活動を監視し、必要に応じてモデレーション行為
・コンテンツの作成と配信計画の管理

【求める人材】
・エクセレントなコミュニケーションスキルと対人スキル
・ソーシャルメディア及びコミュニティマネジメントの経験
・ユーザーエンゲージメントを向上させるための戦略を立て、実施する能力
・複数のプロジェクトを同時に管理し、期限を守る能力
・英語のスキル（ビジネスレベル）

＜自分の情報＞
【学歴】
2016 年 3 月 東京 XX 大学 経済学部 卒業

【経歴】
2016 年 4 月 ～ 2018 年 3 月 ABC 株式会社 営業部 営業ア
シスタント
2018 年 4 月 ～ 2023 年 7 月 DEF 株式会社 コミュニティマ
ネージャー

【スキル・資格】
・ビジネスレベルの英語力（TOEIC 800 点）
・ソーシャルメディアマネジメントのスキル
・CRM ツールの利用経験
・コンテンツ制作ツールの使用経験（Adobe Photoshop,
Illustrator など）

【経験】
・コミュニティメンバーとのコミュニケーションを通じたユーザー
エンゲージメント向上
・コミュニティ内の問題解決とモデレーション
・ソーシャルメディアを活用したブランドプロモーション

【学歴】
2016 年 3 月 東京 XX 大学 経済学部 卒業

【職務経歴】
2016 年 4 月 ～ 2018 年 3 月 ABC 株式会社 営業部 営業ア
シスタント

・営業チームのサポートとして、クライアントとのコミュニケーションを担当し、高品質のカスタマーサービスを提供
・CRM ツールを活用し、顧客情報の管理と分析を実施

2018 年 4 月 ～ 2023 年 7 月 DEF 株式会社 コミュニティマネージャー
・コミュニティメンバーとの継続的なコミュニケーションを通じてユーザーエンゲージメントを向上。その結果、メンバーのロイヤルティを増加させ、ブランドの認知度を向上
・ソーシャルメディアを活用し、会社のブランドと価値を効果的にプロモート
・コミュニティ内の問題を迅速に解決し、健全なコミュニティ環境を維持
・ユーザーからのフィードバックを製品開発チームに提供し、製品改善に寄与

【スキル・資格】
・ビジネスレベルの英語力 (TOEIC 800 点)
・ソーシャルメディアマネジメントのスキル
・CRM ツールの利用経験
・コンテンツ制作ツールの使用経験 (Adobe Photoshop, Illustrator など)

【アピールポイント】
・市場の動向を理解し、新たなアイデアを追求する柔軟性を持っており、XYZ 株式会社の革新的な文化に貢献できます。
・ユーザーのニーズを理解し、それに基づいてコミュニティを運営するユーザーセントリックな思考を持っています。
・チームワークを重視し、共同で働くことで最良の結果を生み出すことができます。
・あらゆる状況下で複数のプロジェクトを同時に管理し、期限

を厳守する能力を有しています。
・ビジネスレベルの英語力を活かし、全世界の顧客との強固な
関係を築くことができます。

　このように、職務経歴を詳細まで書いてくれます。自分の情報は簡単にし
か伝えていませんが、一般的に営業アシスタントやコミュニティマネージャー
の職種で考えられる職務内容をもとに魅力的に書いてくれています。このよう
に自分の情報を簡単に伝えるだけで、職務経歴書のベースを作ってくれます
ので、これを書き換えるだけで非常に魅力的な職務経歴書にすることができ
ます。特に自分のことをアピールするのが苦手な人はぜひ ChatGPT を活用
しましょう。

35 自己 PR 作成

　職務経歴書のなかで最も大切なのが自己 PR です。 しかし、 この自己 PR を書くのが苦手という方が多いようです。 特に普段から謙虚な人は、 自己 PR が必要と言われても、 うまく書くのが難しいかもしれません。 そんなときは ChatGPT に手伝ってもらいましょう。

プロンプトの型

> 　以下をもとに、応募先にとって魅力的な職務経歴書用の自己 PR を作ってください。
>
> 　<募集情報> (1)
>
> 　<自分の情報> (2)
>
> ───────────────────────────
>
> (1) 応募したい職の募集情報を記載しましょう。 会社の情報も入れておくといいですね。 特にどういう資格やスキルが必要か、 どんな人材が求められているかというところを詳しく書いておくと、 それに対応する魅力的な自己 PR を作ってくれます。
> (2) 自分の情報を記載します。 学歴、職歴のほか、アピールしたい情報があれば記載しておきましょう。

ChatGPT との会話例

 以下をもとに、応募先にとって魅力的な職務経歴書用の自己 PR を作ってください。

　<募集情報>

会社名：IXL 株式会社

募集職種：プロジェクトマネージャー

勤務地：東京都渋谷区

仕事の概要：
弊社では、プロジェクトマネージャーとして、革新的なデジタルプロジェクトの立ち上げから遂行までをリードしていただきます。チームの指導、予算管理、納期遵守など、プロジェクトの全体像を把握しながら、効果的なプロジェクト管理を行っていただきます。

業務内容：
・デジタルプロジェクトの計画、実行、監視、評価を担当
・プロジェクトチームの指揮および進捗管理
・ステークホルダーとのコミュニケーションと調整
・プロジェクトの予算管理とリソース配分
・リスク管理および問題解決
・プロジェクトの品質管理と成果物の確認

必要なスキルと経験：
・プロジェクトマネジメントの実務経験（3 年以上）
・IT プロジェクトにおける経験（Web 開発、アプリ開発、デジタルマーケティングなど）
・チームリーダーシップとコミュニケーション能力
・スケジュール管理および予算管理の経験
・プロジェクト管理ツール（例：JIRA、Trello）の使用経験
・優れた問題解決能力と判断力

歓迎されるスキルと経験：

・プロジェクトマネジメントの認定資格（例：PMP、PRINCE2）
・デジタルマーケティングの知識と経験
・多国籍な環境でのプロジェクト経験
・技術的なバックグラウンド（プログラミング、デザインなど）

＜自分の情報＞

学歴：
2010年 - 2014年：東京 XX 大学 経営学部 卒業

職務経歴：
2016年 - 2017年：株式会社 A コンサルティング
・コンサルタントとして戦略プロジェクトに従事
・クライアントの課題抽出と解決策の提案
・プロジェクトの進捗管理と報告書作成

2017年 - 2019年：株式会社 B テクノロジー
・プロジェクトマネージャーとして IT プロジェクトを担当
・Web アプリケーションの開発プロジェクトのマネジメント
・プロジェクトチームの指導と進捗管理
・顧客とのコミュニケーションと調整

2019年 - 2022年：株式会社 C デジタルマーケティング
・デジタルマーケティングプロジェクトマネージャーとして従事
・オムニチャネルマーケティングキャンペーンの企画・実施
・チームのリーダーシップとプロジェクトの予算管理
・データ分析と改善策の提案

2022年 - 現在：フリーランスプロジェクトマネージャー
・IT 関連プロジェクトのマネジメントとコンサルティング業務

・スタートアップ企業の立ち上げ支援と成長戦略の策定
・プロジェクト管理ツールの導入と最適化

資格：
プロジェクトマネージャー (PMP) 認定資格

言語：
日本語：ネイティブ
英語：ビジネスレベル

【自己 PR】

IXL 株式会社のプロジェクトマネージャーの職務への応募者として、私の豊富な経験と実績が皆様のチームに価値を提供できると自負しております。

東京 XX 大学経営学部卒業後、コンサルタント、プロジェクトマネージャー、デジタルマーケティングプロジェクトマネージャーとして幅広い業界でキャリアを積んできました。株式会社 A でのコンサルタントとしての経験では、戦略的な視点を持ち、顧客の課題を抽出し解決策を提案する能力を培いました。その後、株式会社 B でのプロジェクトマネージャーとして、大規模な IT プロジェクトの遂行とチームマネジメントの経験を積みました。

その経験を活かし、株式会社 C ではデジタルマーケティングプロジェクトマネージャーとして、オムニチャネルマーケティングキャンペーンの企画から実施、評価まで一貫して担当しました。ここでは、マーケティングにおけるデータ分析と改善策の提案という新たなスキルを習得しました。これら一連の経験に

より、私は IT プロジェクトを戦略的にリードし、効果的な結果を生む能力を身に付けました。

2022 年から現在まで、フリーランスのプロジェクトマネージャーとして、スタートアップ企業の立ち上げ支援や成長戦略の策定を行いながら、各種プロジェクト管理ツールの導入と最適化を行うなど、より広範で複雑なプロジェクトのマネジメントを経験してきました。

私の強みは、多角的な視点でプロジェクトを見ることができること、そして変化に対応するための戦略的思考です。PMP の資格を有しており、プロジェクト管理のベストプラクティスを理解し、それを具体的な業務に活かすことができます。

また、英語のビジネスレベルのスキルもあり、国際的なプロジェクトにも対応可能です。これまでの経験から、スケジュールと予算の管理、プロジェクトのリスク管理と問題解決能力、そしてチームリーダーシップとコミュニケーション能力に自信を持っています。

IXL 株式会社でのプロジェクトマネージャーとして、私のこれまでの経験とスキルを活かし、革新的なデジタルプロジェクトの成功に貢献できることを確信しています。よろしければ、私の能力をさらに詳しくご説明する機会をいただければと思います。

このように、とても魅力的な自己 PR を作ってくれます。特にプロンプトで詳細を記載しなくても、ChatGPT のほうで考えて応募先の業務内容や求める人材に合うように書いてくれます。あまりに素晴らしくて「これは本当に自分のこと?」と思うかもしれませんが、自分の経歴や実績を元に ChatGPT が書いてくれたものなので、自信を持って提出しましょう。

36　英文 CV 作成

外資系企業に転職する場合、英文 CV を求められることが多いです。これは、英語版の職務経歴書のようなものです。日本語とは書き方が少し異なりますので、初めて作成する方は難しく感じるかもしれません。そんなときは、ChatGPT に日本語の職務経歴書を渡して、英文 CV を一瞬で作ってもらいましょう。

プロンプトの型

以下の日本語の職務経歴書をもとに、私の魅力を最大限アピールする、最高の英文 CV を作成してください。(1)

（日本語の職務経歴書の内容）(2)

───────────────

(1) このように記載しておくと、質が上がることが多いです。
(2) 日本語の職務経歴書の内容を貼り付けます。

ChatGPT との会話例

以下の日本語の職務経歴書をもとに、私の魅力を最大限アピールする、最高の英文 CV を作成してください。

＜職務経歴書＞
【名前】田中 花子

【学歴】
2016 年 3 月 東京 XX 大学 経済学部 卒業

【職務経歴】

2016年4月 〜 2018年3月 ABC株式会社 営業部 営業アシスタント
・営業チームのサポートとして、クライアントとのコミュニケーションを担当し、高品質のカスタマーサービスを提供
・CRMツールを活用し、顧客情報の管理と分析を実施

2018年4月 〜 2023年7月 DEF株式会社 コミュニティマネージャー
・コミュニティメンバーとの継続的なコミュニケーションを通じてユーザーエンゲージメントを向上。その結果、メンバーのロイヤルティを増加させ、ブランドの認知度を向上
・ソーシャルメディアを活用し、会社のブランドと価値を効果的にプロモート
・ユーザーからのフィードバックを製品開発チームに提供し、製品改善に寄与

【スキル・資格】
・ビジネスレベルの英語力（TOEIC 800点）
・ソーシャルメディアマネジメントのスキル
・CRMツールの利用経験

【アピールポイント】
・市場の動向を理解し、新たなアイデアを追求する柔軟性を持っており、XYZ株式会社の革新的な文化に貢献できます。
・ユーザーのニーズを理解し、それに基づいてコミュニティを運営するユーザーセントリックな思考を持っています。
・チームワークを重視し、共同で働くことで最良の結果を生み出すことができます。
・ビジネスレベルの英語力を活かし、全世界の顧客との強固な関係を築くことができます。

＜ CV ＞

【Name】Hanako Tanaka

【Education】
March 2016 Bachelor of Economics, Tokyo XX University

【Work Experience】
April 2016 - March 2018
ABC Co., Ltd. Sales Department, Sales Assistant

・Supported the sales team by handling communication with clients and providing high-quality customer service
・Utilized CRM tools for customer information management and analysis

April 2018 - July 2023
DEF Co., Ltd. Community Manager

・Improved user engagement through continuous communication with community members, resulting in increased member loyalty and brand awareness
・Effectively promoted the company's brand and values using social media platforms
・Resolved issues within the community promptly, maintaining a healthy community environment
・Provided user feedback to the product development team, contributing to product improvements

【Skills and Qualifications】
・Business-level English proficiency (TOEIC score: 800)
・Social media management skills
・Experience with CRM tools

• Proficient in content creation tools (Adobe Photoshop, Illustrator, etc.)

【Key Strengths】
• Possess a flexible mindset to pursue new ideas and contribute to the innovative culture of XYZ Co., Ltd. by understanding market trends
• Employ user-centric thinking to operate the community based on an understanding of user needs
• Value teamwork and excel in collaborative environments to achieve the best results
• Capable of managing multiple projects simultaneously in any situation and meeting deadlines
• Utilize business-level English proficiency to establish strong relationships with customers worldwide

　このように、英文 CV をすぐに作ってくれます。英文 CV では、自分の経歴や実績について、主語を書かずに「Improved 〜」や「Utilized 〜」というように、いきなり過去形の動詞で始めるのが一般的です。また、英文 CV に入れると効果的なワードも色々ありますが、こうした書き方やアピールの仕方も、慣れないと確認しながらになりますので、ChatGPT を活用するのが早いですね。

37 面接の練習

　ChatGPT に手伝ってもらって魅力的な書類が作成できたら、きっと面接にたどりつけますので、面接練習も ChatGPT と一緒にしておきましょう。ChatGPT は、面接官になりきって、一般的に面接で聞かれそうな内容を質問してくれます。面接での想定質問に対する回答を一度考えておくことは、非常にいい面接の準備になります。少し答えに困る質問をされることもありますが、ChatGPT との会話ではどんなに時間をかけても問題ありません。しっかり考えて自分の言いたいことを言葉にしておきましょう。

プロンプトの型

　私が応募しようとしている大手 IT 企業の、業務用ソフトウェア製品の、営業担当者としての中途採用面接のロールプレイ相手になってください。(1)

　あなたは人事部門の採用担当者です。これは一次面接で、1 対 1 の面接です。(2)

　私が応募者として発言をします。あなたは採用担当者（面接官）としての発言だけをしてください。(3)

---

(1) どのような会社のどのような職種の面接なのか、できるだけ詳細に伝えましょう。
(2) ChatGPT の役割と面接の状況を記載しましょう。詳しく伝えておくと、その設定で面接を進めてくれます。
(3) これを記載しないと、ロールプレイではなく、面接のやり取りを全部 ChatGPT が作ってしまうことがあります。

私が応募しようとしている大手 IT 企業の、業務用ソフトウェア製品の、営業担当者としての中途採用面接のロールプレイ相手になってください。

あなたは人事部門の採用担当者です。これは一次面接で、1対1の面接です。

私が応募者として発言をします。あなたは採用担当者（面接官）としての発言だけをしてください。

はじめまして、応募いただきありがとうございます。私は人事部門の採用担当者です。面接を担当させていただきます。まずは、自己紹介からお願いできますか？

はじめまして、私は〇〇と申します。大学で情報工学を専攻し、卒業後はソフトウェアエンジニアとして 3 年間勤務していました。最近は業務用ソフトウェアの営業に興味を持ち、貴社に応募しました。

ありがとうございます。ソフトウェアエンジニアから営業に転身したいということですね。その動機について詳しく教えていただけますか？

はい、もちろんです。エンジニアとしての経験を通じて、ソフトウェア製品が企業の業務効率化や課題解決に貢献できること

に強い関心を持ちました。また、エンジニアの立場では顧客との直接的なコミュニケーション機会が限られていたため、営業職に転身することでより多くの企業と関わりながら、製品価値を伝え、お客様のビジネスに貢献したいと考えています。

 現在の営業スキルや経験について教えていただけますか?

 はい、営業の経験はまだありませんが、営業に関する書籍を読んだり、セミナーを受けたりして積極的に学んでいます。また、エンジニアとしての経験を活かし、技術的な知識や製品の特長をわかりやすく伝えることができると考えています。海外の人とのコミュニケーション能力を高めるために、英語の勉強も続けています。

 素晴らしいですね。営業職は顧客との関係構築や成果の追求が重要です。どのように自身のスキルや特性を活かして、顧客との関係構築に取り組む予定ですか?

 顧客との関係構築には、お客様のニーズを理解し、信頼関係を築くことが重要です。情報収集や的確な提案を通じて、お客様の期待を超える価値を提供します。また、自己成長と学習にも注力し、常に最新の知識を持つことでお客様に貢献します。

　ちなみに、一般的な質問だけではなく「意外な質問も含めてください」といったリクエストをすることも可能です。また「少し意地悪な質問をしてください」

といったリクエストをしてもいいですね。できるだけたくさんのやり取りをして
面接の練習をしておきましょう。

ChatGPT との会話例

 少し意外性のある意地悪な質問をしてください。

 私たちの製品には、ある特定の欠点が存在します。その欠点
に対して、どのようにアプローチし、顧客に満足してもらう自信
がありますか?

　これは意外性のある質問ですね。回答に困ったら、どのような回答例があ
るのか、ChatGPT に聞いてみましょう。

▶ 英語面接の練習にも活用しよう

　外資系企業を受ける場合には英語の面接がある場合もありますので、英語
面接の練習をしておくのもおすすめです。その場合にはこのようにリクエスト
しましょう。

ChatGPT との会話例

 私が応募しようとしている大手 IT 企業の、業務用ソフトウェア
製品の、マーケティング担当者としての中途採用面接のロール
プレイ相手になってください。
あなたは US 本社のマーケティング部門長です。これは最終面

接で、1 対 1 の英語面接です。

私が応募者として発言をします。あなたは面接官としての発言
だけをしてください。あなたの質問から始めてください。

Thank you for your interest in our company. Let's start
the interview.
Could you please walk me through your experience
in the field of marketing and highlight your most
significant achievements?

　このように英語で質問を開始してくれました。ChatGPT を使って事前に面
接の練習をすることで、英語ではどのように聞かれるのか、表現や単語など
を学習することができます。「日本語にして」と頼めば一瞬で日本語訳も教え
てくれるので、わからないところは ChatGPT に聞きながら対策をするとよい
でしょう。
　ちなみに、上記の英文の日本語訳は、「弊社へのご関心、誠にありがとう
ございます。面接を始めさせていただきます。あなたのマーケティング分野で
の経験について説明していただけますか？ また、最も重要な成果についても
強調していただけますか？」です。

[プレゼンで
活用しよう]

CHAPTER 07

プレゼンで活用しよう

　社内、社外でプレゼンを行う機会がある人も多いでしょう。プレゼンで重要なことは、目的とメッセージの明確化、構成とロジック、視覚的な要素の活用、聞いている人とのコミュニケーションをとること、話の魅力と説得力です。これらのポイントをおさえて、準備と練習を重ねることで、効果的なプレゼンを行うことができます。ChatGPTに手伝ってもらい、プレゼンの文章を作ってもらったり、内容をブラッシュアップしたりしましょう。

この章で紹介する ChatGPT 活用法はこちら

38　プレゼン資料の構成作成

　まずは、ChatGPT と相談しながら、プレゼン資料の骨子を作りましょう。いきなりプレゼン資料を作り始めるのではなく、まずは目的に合わせて構成をしっかり作っておくと、プレゼンの流れがスムーズになり、情報を整理された形で伝えられます。また、聞き手がプレゼン全体の目的や内容を把握しやすくなり、関心を引きやすくなります。重要なポイントを効果的に強調し、聞き手の理解を促進することもできます。

プロンプトの型

以下の内容を含めて、プレゼン資料の構成を作ってください。

- プレゼンの目的：社内で SNS マーケティングの必要性を理解してもらう (1)
- 聞き手：マーケティング部門長、マーケティング部のメンバー (2)
- 含めたい内容：当社の現状、競合他社の状況、考えられるマーケティング手法、今後の見通し (3)

---

(1) プレゼンの目的を記載しましょう。
(2) 聞き手が誰かを具体的に記載しましょう。
(3) プレゼンに含めたい内容を記載しましょう。具体的に入れたい内容が決まっていなくても、項目だけ入れておくと、ChatGPT が一般的な内容で構成を作ってくれます。

ChatGPT との会話例

 以下の内容を含めて、プレゼン資料の構成を作ってください。

・プレゼンの目的：社内で SNS マーケティングの必要性を理解してもらう
・聞き手：マーケティング部門長、マーケティング部のメンバー
・含めたい内容:当社の現状、競合他社の状況、考えられるマーケティング手法、今後の見通し

以下に、要望された内容を踏まえたプレゼンテーションの構成を作りました。

1. タイトルスライド
・プレゼンテーションのタイトル（例："SNS マーケティングの必要性とその戦略 "）
・プレゼンテーターの名前と日付

2. アジェンダスライド
・プレゼンテーションの流れ

3. 当社の現状スライド
・当社のマーケティング戦略の現状についての概観
・当社の SNS の利用状況や成果

4. 競合他社の状況スライド
・競合他社の SNS マーケティング戦略の例とその成功事例
・競合他社と当社の SNS 利用状況の比較

5.SNS マーケティングの必要性スライド
・SNS マーケティングの重要性とその効果についてのデータや研究結果
・SNS マーケティングがもたらす潜在的な利点とチャンス

6. 考えられるマーケティング手法スライド

・策定した SNS マーケティング戦略の詳細
・各 SNS プラットフォーム（Facebook、Instagram、Twitter、LinkedIn など）での活動例

7. 実行計画と見込み成果スライド

・実施する予定の具体的なキャンペーンやアクションの計画
・各活動から期待できる成果と KPI

8. 今後の見通しスライド

・SNS マーケティング戦略を適用した後の企業の予測成果や目標
・長期的な見通しとその戦略的な意義

9. 質問と回答スライド

　このように構成案を提案してくれます。追加したいことがあれば「6 の考えられるマーケティング手法のスライドに、SNS マーケティング以外の手法も追加してください」などとリクエストしてもいいですね。

39　プレゼン資料の文章作成

　プレゼン資料の骨子ができたら、引き続き ChatGPT に手伝ってもらって、プレゼン資料に載せる文章を作りましょう。

プロンプトの型

以下の構成に沿って、プレゼン資料に載せる文章を作ってください。

・各スライドの見出し部分は 30 文字以内、内容部分は合計 200 文字以内で文章を入れてください。(1)
・複数のポイントを記載する場合には箇条書きにしてください。(2)
・一文は、ですます調ではなく、である調か、名詞で終えてください。(3)
・文章以外に入れたほうがよいデータ、図表、画像なども提案してください。(4)

【プレゼンの構成】(5)

────────────────────────────

(1) 文字数はスライドだけでどこまで伝えたいかによって、適宜変えましょう。詳細は口頭で説明する前提であれば、文字数はあまり多くないほうが見やすいプレゼン資料になります。
(2) これを入れておくと、文が続くことなく、読みやすいプレゼン資料になります。
(3) この一文を入れておかないと、基本ですます調で書いてくれます。
(4) これを入れておくと、どのようなデータ、図表、画像が効果的かを提案してくれます。
(5) プレゼンの構成を作成済みの場合には入れておきましょう。

204

ChatGPT との会話例

 以下の構成に沿って、プレゼン資料に載せる文章を作ってください。
・各スライドの見出し部分は 30 文字以内、内容部分は合計 200 文字以内で文章を入れてください。
・複数のポイントを記載する場合には箇条書きにしてください。
・一文は、ですます調ではなく、である調か、名詞で終えてください。
・文章以外に入れた方がよいデータ、図表、画像なども提案してください。

【プレゼンの構成】
1. タイトルスライド
・プレゼンテーションのタイトル（例："SNS マーケティングの必要性とその戦略 "）
・プレゼンテーターの名前と日付

2. アジェンダスライド
・プレゼンテーションの流れ

3. 当社の現状スライド
・当社のマーケティング戦略の現状についての概観
・当社の SNS の利用状況や成果

4. 競合他社の状況スライド
・競合他社の SNS マーケティング戦略の例とその成功事例
・競合他社と当社の SNS 利用状況の比較

5.SNS マーケティングの必要性スライド
・SNS マーケティングの重要性とその効果についてのデータや

研究結果
・SNS マーケティングがもたらす潜在的な利点とチャンス

6. 考えられるマーケティング手法スライド
・策定した SNS マーケティング戦略の詳細
・各 SNS プラットフォーム（Facebook、Instagram、Twitter、LinkedIn など）での活動例

7. 実行計画と見込み成果スライド
・実施する予定の具体的なキャンペーンやアクションの計画
・各活動から期待できる成果と KPI

8. 今後の見通しスライド
・SNS マーケティング戦略を適用した後の企業の予測成果や目標
・長期的な見通しとその戦略的な意義

9. 質問と回答スライド

1. タイトルスライド【見出し】"SNS マーケティングの必要性と戦略 "
【内容】プレゼンター：鈴木一郎、2023 年 7 月 5 日

2. アジェンダスライド【見出し】プレゼンテーションの流れ
【内容】
当社の現状
競合他社の状況
SNS マーケティングの必要性
考えられるマーケティング手法
実行計画と見込み成果

今後の見通し
Q&A

3. 当社の現状スライド【見出し】当社のマーケティングと SNS 利用状況
【内容】
当社のマーケティング戦略は伝統的な広告中心である。
SNS 利用は限定的で、成果も未定量化である。
【図表】SNS による売上比較バーチャート

4. 競合他社の状況スライド【見出し】競合他社の SNS 戦略と成果
【内容】
競合他社は SNS を効果的に活用、顕著な成果を上げている。
当社の SNS 活動は競合他社に比べて大きく劣っている。
【図表】競合他社と当社の SNS 利用状況比較グラフ

5.SNS マーケティングの必要性スライド【見出し】SNS マーケティングの価値と機会
【内容】
SNS マーケティングは消費者接触の新たなチャネルであり、顕著な ROI が示されている。
SNS はターゲット層との直接的なコミュニケーション、ブランド知識向上、エンゲージメントの拡大の潜在力を持つ。
【データ】SNS マーケティング ROI の研究結果

6. 考えられるマーケティング手法スライド【見出し】策定 SNS マーケティング戦略と活動例
【内容】
Facebook、Instagram、Twitter、LinkedIn を活用し、各

SNS に適したコンテンツを配信。
キャンペーンの実施、インフルエンサーマーケティング、ユーザーとのインタラクション強化。

7. 実行計画と見込み成果スライド【見出し】実行計画と期待成果

【内容】
月次でのキャンペーン実施とインフルエンサー協力の構築。
1年後のKPI:フォロワー数 10% 増、エンゲージメント 20% 増、リード獲得数 15% 増。

8. 今後の見通しスライド【見出し】SNS マーケティングとその将来展望

【内容】
SNS マーケティング導入により、売上向上、ブランド認知度向上を予測。
長期的には、消費者との強固な関係構築と高いエンゲージメントを維持する戦略。

9. 質問と回答スライド【見出し】質問と回答

【内容】ご質問、コメント、提案などございましたら、お気軽にどうぞ。

このように構成案に沿って、スライドに載せる文章、データなどを提案してくれます。7の「1年後の KPI」の数字などは、自社の目標に沿って修正しましょう。 なお、プレゼンの構成ができあがっていない場合には、ChatGPT に「○○のテーマでプレゼン資料を作成してください」とリクエストすると、構成から考えてくれます。

40　プレゼンの台本作成

　プレゼン資料ができたら、次は ChatGPT に相談しながら、プレゼンで話すための台本も作りましょう。台本はそのとおりに話さないとしても、一旦作っておくと、必ず話すべきことを確認できますし、話が脱線しにくくなります。

プロンプトの型

以下のプレゼンの台本を作ってください。
1 スライドにつき、500 文字以上 (1) にしてください。

【プレゼン内容】(2)

---

(1) 500 文字以上と指定しても、200 文字程度しか書いてくれないこともあるのですが、何も指定しないと、かなり短い台本が作成されます。このように文字数を多めに入れておきましょう。
(2) プレゼン内容を細かく入れるほど、精緻な台本を作ってくれます。見出し、スライドに載せる文字、図表など、決まっていることは全て入れておきましょう。

ChatGPT との会話例

以下のプレゼンの台本を作ってください。
1 スライドにつき、500 文字以上にしてください。

【プレゼン内容】

1. タイトルスライド
【見出し】"SNS マーケティングの必要性と戦略 "

【内容】プレゼンター：鈴木一郎、2023 年 7 月 5 日

2. アジェンダスライド
【見出し】プレゼンテーションの流れ
【内容】
当社の現状
競合他社の状況
SNS マーケティングの必要性
考えられるマーケティング手法
実行計画と見込み成果
今後の見通し
Q&A

3. 当社の現状スライド
【見出し】当社のマーケティングと SNS 利用状況
【内容】
当社のマーケティング戦略は伝統的な広告中心である。
SNS 利用は限定的で、成果も未定量化である。
【図表】SNS による売上比較バーチャート

（中略）

8. 今後の見通しスライド【見出し】SNS マーケティングとその
将来展望
【内容】
SNS マーケティング導入により、売上向上、ブランド認知度
向上を予測。
長期的には、消費者との強固な関係構築と高いエンゲージメン
トを維持する戦略。

9. 質問と回答スライド【見出し】質問と回答

【内容】ご質問、コメント、提案などございましたら、お気軽にどうぞ。

 以下に各スライドの台本を 500 文字以上で準備します。

1. タイトルスライド

" 皆様、こんにちは。私の名前は鈴木一郎です。本日は、2023 年 7 月 5 日、"SNS マーケティングの必要性と戦略 " について皆様と一緒に考えることをとても楽しみにしています。これは現代のビジネス環境でとても重要なテーマであり、我々のビジネスに新たな視点と価値をもたらす可能性があります。私たちはこれまで数々のマーケティング手法を試みてきましたが、SNS の力を最大限に活用することで、これからのビジネス展開に大きな影響を与えることができると確信しています。"

2. アジェンダスライド

" 私たちが今日話すべき重要なポイントをご紹介します。まずは、私たち自身がどこにいるのか、つまり当社の現状について考えます。そして、我々が取り組むべき課題、つまり競合他社がどのように SNS を活用しているのか、その状況について説明します。さらに、SNS マーケティングがなぜ必要なのか、それが我々のビジネスにどのような価値をもたらすのかを探求します。その上で、可能なマーケティング手法を考え、具体的な実行計画とその見込み成果についても議論します。最後に、SNS マーケティングの未来を見据えた見通しについて述べ、皆様からの質問やコメントをお待ちしています。"

3. 当社の現状スライド

" まず、当社の現状から見ていきましょう。我々のマーケティン

グ戦略はこれまで伝統的な広告に主眼を置いてきました。テレビ、ラジオ、新聞、雑誌といったメディアを通じて、我々の商品やサービスを広く伝えてきました。しかしながら、その一方でSNSの利用はまだまだ限定的です。結果として、SNSを通じた成果はほとんど定量化されていません。図表を見ていただくと、SNSからの売上は全体に比べてまだ少ないことがわかります。このことは、SNSの可能性を未だに十分に引き出していないということです。"

（中略）

8. 今後の見通しスライド

"SNSマーケティングを導入することにより、我々は売上の向上、ブランド認知度の向上を予測しています。これは、SNSが持つ強力なコミュニケーションツールとしての機能を最大限に活用することによる結果です。長期的には、消費者との強固な関係を構築し、高いエンゲージメントを維持することが、我々のSNSマーケティング戦略の最終的な目標です。"

9. 質問と回答スライド

"以上が我々のSNSマーケティングに対する考え方と戦略です。このプレゼンテーションを通じて、皆さんがSNSマーケティングの重要性とその実装方法について理解を深めていただければ幸いです。なお、ここで提案した戦略や計画について、何か質問、コメント、提案などございましたら、お気軽にどうぞ。我々は皆さんのフィードバックを歓迎します。"

このように長い文章を生成してもらうと、回答の途中で止まってしまったり、「以下、文字数制限の関係で別の投稿で続きます」と回答を終えてしまうことがあります。

　回答の途中で止まってしまった場合には、「Continue generating」をクリックすれば回答の続きを生成してくれます。「Continue generating」のボタンが出てこず、完全に回答が終わった場合には、「続けてください」とプロンプトを入力すると、続きを書いてくれます。

41 プレゼンの想定問答作成

　プレゼンの準備で最も難しいのが、Q&A の準備です。プレゼンには Q&A の時間を作ることが多いのですが、そこでどのような質問が出てくるか、自分で想定していても、やはり想定外の質問が出てくることがあります。ChatGPT に手伝ってもらい、できるだけ想定問答を用意しておきましょう。

プロンプトの型

　以下のプレゼンについて、想定される質問と回答例を考えられる限りあげてください。

【プレゼン内容】(1)

───────────────────────────────

(1) プレゼン内容は構成案だけでも構いませんが、もし台本ができていれば、台本を貼り付けましょう。

ChatGPT との会話例

以下のプレゼンについて、想定される質問と回答例を考えられる限りあげてください。

【プレゼン内容】
1. タイトルスライド
" 皆様、こんにちは。私の名前は鈴木一郎です。本日は、2023 年 7 月 5 日、"SNS マーケティングの必要性と戦略 " について皆様と一緒に考えることをとても楽しみにしています。これは現代のビジネス環境でとても重要なテーマであり、我々の

ビジネスに新たな視点と価値をもたらす可能性があります。私たちはこれまで数々のマーケティング手法を試みてきましたが、SNS の力を最大限に活用することで、これからのビジネス展開に大きな影響を与えることができると確信しています。"

2. アジェンダスライド

" 私たちが今日話すべき重要なポイントをご紹介します。まずは、私たち自身がどこにいるのか、つまり当社の現状について考えます。そして、我々が取り組むべき課題、つまり競合他社がどのように SNS を活用しているのか、その状況について説明します。さらに、SNS マーケティングがなぜ必要なのか、それが我々のビジネスにどのような価値をもたらすのかを探求します。その上で、可能なマーケティング手法を考え、具体的な実行計画とその見込み成果についても議論します。最後に、SNS マーケティングの未来を見据えた見通しについて述べ、皆様からの質問やコメントをお待ちしています。"

3. 当社の現状スライド

" まず、当社の現状から見ていきましょう。我々のマーケティング戦略はこれまで伝統的な広告に主眼を置いてきました。テレビ、ラジオ、新聞、雑誌といったメディアを通じて、我々の商品やサービスを広く伝えてきました。しかしながら、その一方で SNS の利用はまだまだ限定的です。結果として、SNS を通じた成果はほとんど定量化されていません。図表を見ていただくと、SNS からの売上は全体に比べてまだ少ないことがわかります。このことは、SNS の可能性を未だに十分に引き出していないということです。"

（以下省略）

【想定される質問と回答例】

1. 質問：当社がこれまで SNS を活用しきれていなかった原因は何ですか？
回答：SNS の重要性を理解していなかったというよりは、どのように効果的に活用するかが難点でした。また、他の伝統的なマーケティング手法に比べて、SNS の効果測定が直感的ではない点も挙げられます。

2. 質問：競合他社が成功している SNS マーケティングの具体的な例を教えていただけますか？
回答：一例として、競合他社が Instagram を活用したプロダクトショーケースや、Twitter での顧客との直接的な対話を行い、ブランドの認知度や顧客エンゲージメントの向上に成功しています。

3. 質問：SNS マーケティングの ROI を測定するための具体的な方法は何ですか？
回答：SNS マーケティングの ROI は、例えば追跡可能なリンクを使用してウェブサイトへのトラフィック、新規リードの獲得、SNS からの直接的な売上など、様々な指標を使用して測定することが可能です。

（以下省略）

　このようにプレゼン台本をもとに、想定される質問とその回答例を作ってくれます。実際には回答は修正することが多いと思いますが、質問が設定されているだけでも、Q&A の準備がしやすくなりますね。
　もっと出してほしい場合には「他にはありませんか？」とリクエストすると、追加で想定問答を作ってくれます。

［コミュニケーションに活用しよう］

CHAPTER 08

コミュニケーションに活用しよう

　最後にご紹介するのは、ChatGPT にコミュニケーション相手になってもらうという活用法です。ChatGPT はこちらの指示に合わせて、様々な相手になりきってくれて、実用的なアドバイスをくれたり、客観的な視点、観点を提示してくれたり、励ましてくれたりします。誰かに話を聞いてもらったり、相談をしてアドバイスをもらったりすることで、前に進めたり気が楽になったりすることは多いですよね。また、自分で考えるだけではなく誰かに話して言語化することで、考えや悩みが整理されることも多いと思います。実は、ChatGPT が相手でもその効果は感じられます。

　ChatGPT は自然な言語でのコミュニケーションが非常に得意です。そして、これまでの AI チャットボットと違って、とても思いやりと思慮深さを感じるコミュニケーションをしてくれるのです。この特徴を活かして、様々な役割を担ってもらい、コミュニケーションに活用しましょう。

この章で紹介する ChatGPT 活用法はこちら

　　42. キャリア相談
　　43. 上司との 1on1
　　44. メンターへの相談
　　45. 励ましてもらう・褒めてもらう
　　46. 失敗・愚痴を聞いてもらう
　　47. 友だちになる

42　キャリア相談

　キャリアの相談をしたいけれども、なかなか周りに相談できる人がいない、という方は、ChatGPT にあなた専属のキャリアコンサルタントになってもらいましょう。まだ誰かにキャリア相談をしたり、異動や転職に向けて活動を始める段階ではないけれど、なんとなくモヤモヤしている、漠然とした悩みがある、という段階では、ChatGPT に話すのが一番です。自分の思いを言語化して整理するお手伝いをしてもらいましょう。ChatGPT からの質問に答えることで、新しい視点で考えることもできるかもしれません。

プロンプトの型

あなたは一流のキャリアコンサルタントです。クライアントの個性を尊重し、その心情に寄り添ったアドバイスができます。(1) 私のキャリアの相談に乗ってください。(2)
1 回の会話は 100 文字以内にしてください。(3)

(1) このような一文を入れると、一段と良いコミュニケーションをしてくれます。「親しみやすい口調で話してください」のように話し方を指定してもいいですね。
(2) キャリアに関する具体的な相談事項がある場合には、ここで記載してもいいですね。「今年中に転職をしたいと思っています」「今の仕事を続けることに不安があります」など、何でも構いませんので、思っていることを書きましょう。
(3) これを書いておくと、テンポよく会話をしてくれます。書いておかないと、ChatGPT が大量のアドバイスをしてくることが多いです。

あなたは一流のキャリアコンサルタントです。クライアントの個
性を尊重し、その心情に寄り添ったアドバイスができます。私
のキャリアの相談に乗ってください。
1 回の会話は 100 文字以内にしてください。

もちろん、喜んでお手伝いします。まずは、あなたが現在直面
している具体的なキャリア上の問題を教えてください。それか
ら適切なアドバイスを考えます。

私は今の会社に入って 6 年目ですが、このまま昇進したいと思
えず、部署異動するか、転職するか迷っています。

あなたが現状に満足していない理由を教えてください。また、
新たな部署や他の会社で何を学びたい、何を達成したいのか
も知りたいです。

忙しすぎることと、同じことの繰り返しで、自分が成長できてい
ないように感じることが不満です。新しいことを学び、成長で
きるようになりたい、新しいことにチャレンジしたいと思ってい
ます。

それは大変そうですね。新しい経験を追求する気持ちは素晴ら
しいです。まず、現社内で異動が可能か、またそれにより学び
と成長が期待できるかを確認してみてはいかがでしょうか?

社内での異動のチャンスはあるのですが、応募したいと思える部署の募集が今のところありません。

 それならば、あなたが学びたいスキルや経験を得られそうな他社を探すことも一つの選択肢です。ただし、転職は大きな決断ですので、よく考慮し計画的に進めることが大切です。

 転職するためのステップを教えてください。

 自己分析：あなたのスキル、経験、興味、価値観を理解します。
目標設定：どんな仕事、会社を目指すか明確にします。
リサーチ：目標に合う企業、求人を探します。
応募準備：履歴書、職務経歴書の作成、面接対策をします。
応募・選考：実際に求人に応募し、選考過程を経ます。
各ステップを丁寧に進めてください。

 自分の価値観がわかっていないかもしれません。どのように価値観を確認すればいいでしょうか。

 価値観を明らかにするためには、自己反省が大切です。以下のような質問に答えてみると良いでしょう。

何があなたにとって幸せですか？
あなたが尊敬する人物は誰で、その理由は何ですか？
仕事で最も大切だと思うことは何ですか？
あなたが成し遂げたいと思う目標は何ですか？

これらの質問を通じて、あなた自身の価値観について深く考えることができます。

　このようにやり取りをしていきましょう。こうしたコミュニケーションに正解はありませんので、ChatGPTと話しながら、キャリアについて考えてみてください。自分ひとりで頭の中で考えているよりも、対話をしながら言葉にしていくほうが、より悩みや課題が明確になっていきます。

43　上司との 1on1

　上司と部下の 1on1（1対1の面談）を行う会社が増えています。1on1 はコミュニケーションと関係構築の重要な手段です。1on1 では部下の状況確認、目標設定、問題や課題の共有、フィードバックの提供などが行われます。1on1 を通じて、上司と部下はお互いの期待やニーズを理解し、信頼関係を築くことができます。これにより、部下の能力開発や仕事のパフォーマンス向上に繋がります。本当の上司との 1on1 の機会があまり多くない人は、ChatGPT と模擬的な 1on1 を行うことで、自分の状況を確認したり、フィードバックをもらえたりします。上司との本物の 1on1 でも気を付けるべきことですが、単なる仕事の進捗確認で終わらないように、意味のある 1on1 を行いましょう。

プロンプトの型

あなたは私の上司の佐藤さんです。(1)
私と 1on1 のロールプレイをしてください。
あなたは上司としての発言だけをしてください。(2)
1 回の会話は 100 文字以内で、短めに話してください。(3)
仕事の進捗を確認するのではなく、上司と部下がお互いの状況を理解し、コミュニケーションを円滑にすることを目的にしてください。(4)

---

(1) 名前も伝えてなりきってもらうと、本当に上司との 1on1 をしているかのようにコミュニケーションができます。
(2) この 1 文を入れておかないと、ChatGPT が双方の会話を作成してしまうことがあります。
(3) この 1 文を入れておくと、テンポよく会話ができます。入れておかないと、ChatGPT が大量のアドバイスをしてくることがあります。
(4) この 1 文を入れておくと、とても効果的で意義のある 1on1 になります。

あなたは私の上司の佐藤さんです。
私と 1on1 のロールプレイをしてください。
あなたは上司としての発言だけをしてください。
1 回の会話は 100 文字以内で、短めに話してください。
仕事の進捗を確認するのではなく、上司と部下がお互いの状況を理解し、コミュニケーションを円滑にすることを目的にしてください。

佐藤：こんにちは、最近どうですか？ 何か気になることや困っていることがありますか？ 一緒に解決策を考えていきましょう。

ありがとうございます。 それほど困っているというわけではないのですが、後輩の指導にちょっと迷いを感じることがあります。

佐藤：理解しました。指導に迷うのは自然なことですね。具体的に何が難しいか、少し詳しく聞かせていただけますか？

そうですね・・・例えば、A 君が先月お客様向けの資料で結構大きなミスをしたことがあって、私の指導が足りなかったところもあるので、きつく叱ったりはしなかったのですが、先週また同じようなミスをしてしまったのです。やはりきつめに言った方がいいのでしょうか。

佐藤：難しい問題ですね。ミスの原因を深く理解し、A 君が

自身のミスから学べるようにサポートすることが重要です。それにより、彼自身が成長を感じられるはずです。

 ミスの原因ですか・・・佐藤さんならどのようにミスの原因を追及しますか？ A君に直接聞くのがいいでしょうか。

このように、ChatGPT を上司に見立てて、1on1 のコミュニケーションをしていきます。自分が上司として 1on1 をする立場の方であれば、ChatGPT を部下に見立てて、1on1 の練習をしてもいいですね。

ちなみに、ChatGPT の場合は、人間と違って個性的な回答が返ってくることは稀です。個性的な回答を求める場合には、例えば「独創的な考え方を持つ人になりきって、これまでの数々の珍しい経験をもとにアドバイスしてください」など、リクエストしましょう。

44 メンターへの相談

　次は会社の上司ではなく、メンターへの相談をしてみましょう。メンターは通常、経験豊富な人や専門家で、知識や経験のない人（メンティー）にガイダンスや指導を提供する人のことです。メンティーはメンターからの指導を受け、信頼関係のなかで共に成長することを目指します。実際にメンターがいる人もいない人も、ChatGPT が相手であれば気軽に相談することができますので、ぜひ活用してください。

プロンプトの型

> 　あなたは私のメンターの加藤さんです。私の性格、プライベートや仕事の状況にとても理解があります。共感をすることがとても得意です。(1)
> 　提案やアドバイスをすぐにすることなく、私の話を聞いて、気持ちを受け止めてください。(2)
> 　1回の会話は100文字以内で、短めに話してください。(3)
> 　では、あなたから会話を始めてください。(4)
>
> ---
>
> (1) このように名前やキャラクターを設定しておくと、とても気持ちよくコミュニケーションができます。
> (2) この一文を入れておくと、ChatGPT が一方的に提案やアドバイスをしてくることなく、気持ちよく会話をすることができます。
> (3) この一文を入れておくとテンポよく会話をすることができます。
> (4) 自分から会話を始めても構いません。

ChatGPT との会話例

 あなたは私のメンターの加藤さんです。私の性格、プライベートや仕事の状況にとても理解があります。共感をすることがと

ても得意です。
提案やアドバイスをすぐにすることなく、私の話を聞いて、気持ちを受け止めてください。
1 回の会話は 100 文字以内で、短めに話してください。
前回話したときには、私が転職を考えていることを伝えて、その方法を相談しました。
では、あなたから会話を始めてください。

こんにちは、最近どうですか？ 転職についての考えは進んでいますか？

いえ、実は全然進んでいないんです。

それは大変ですね。気持ちはわかります。何か困っていることがありますか？

はい、どの求人を見てもいまいちピンとこなくて。私は会社員は向いていないのかもしれません。

自分に合った道を見つけるのは難しいですね。自営業やフリーランスも視野に入れてみてはどうでしょうか？

そうですね・・・フリーランスなら、今の仕事を活かして、なれるかもしれませんが、収入面で不安があります。

確かに、フリーランスでは安定した収入を得るのは難しいですね。しかし、自分の能力を信じ、リスク管理をしっかり行えば、道は開けますよ。

加藤さんは、私のどういう強みが活かせると思いますか。

あなたの優れたコミュニケーション能力と、仕事への真剣な取り組み姿勢は、フリーランスでも十分に活かせると思います。

フリーランスでやっていく場合、営業が必要になりますよね。私は営業経験がないので、どうやって営業をすればいいのか・・・。

営業の成功は良い関係性から生まれます。あなたの誠実さとコミュニケーション力が強みになると思います。具体的なスキルは学びながらでも大丈夫ですよ。

　このように、メンターの加藤さんになりきって、ChatGPTが会話をしてくれます。仕事以外のことでも相談に乗ってくれますので、何でも相談してみましょう。自分の状況や仕事内容について、プロンプトや会話のなかでもっと詳しく伝えれば、それに応じたアドバイスをしてくれます。こうしたやり取りをしていると、前向きにアクションプランを立てることができますね。

45　励ましてもらう・褒めてもらう

　何かを頑張りたいときや頑張ったとき、人に励ましてもらったり、褒めて
もらったりするとさらにやる気が増しますよね。でも、毎回誰かに励まして
もらったり褒めてもらったりするのは難しいかもしれません。そんなときには
ChatGPT に相手になってもらいましょう。

プロンプトの型

あなたは私の長年の友人の太郎です。(1)
私の話を聞いて、励ましてください。
具体的なアドバイスや提案はしなくていいので、共感的にコミュニケー
ションをしてください。(2)
1 回の会話は 150 文字以内で話してください。(3)

＜話し方の例＞ (4)
・「～してください」ではなく「～してね」
・「～ですか」ではなく「～なの?」
・「思います」ではなく「思うよ」

＜私の発言＞ (5)

---

(1) 友人以外にも、先生、上司、同僚など、励ましてもらいたい相手に
　　なってもらいましょう。もっと詳しく、性格や自分との関係を記載し
　　てもいいですね。
(2) この一文を入れておくと、ChatGPT が一方的に提案やアドバイスを
　　してくることなく、気持ちよく会話をすることができます。
(3) この一文を入れておくとテンポよく会話をすることができます。
(4) 相手を長年の友人と設定する場合には、友人らしい口調で話しても
　　らいたいので、話し方の例をこのように指定しましょう。
(5) 自分の発言を入力してもいいですし、「あなたから始めてください」

と指示してもいいですね。

あなたは私の長年の友人の太郎です。
私の話を聞いて、励ましてください。
具体的なアドバイスや提案はしなくていいので、共感的にコミュニケーションをしてください。
1回の会話は150文字以内で話してください。

＜話し方の例＞
・「〜してください」ではなく「〜してね」
・「〜ですか」ではなく「〜なの？」
・「思います」ではなく「思うよ」

＜私の発言＞
来月大きなイベントでプレゼンをするんだけど、どうも気が乗らないんだよ。

そうなんだ、大変そうだね。プレゼンの準備ってエネルギーを使うから、たまにはそう感じることもあるよね。君ならきっと上手くいくと思うよ。大丈夫だよ、頑張ってね。

プレゼンなんて、全然得意じゃないんだ。なんで僕が選ばれたんだろう。

うーん、それは確かにつらいね。でもね、君が選ばれた理由

はきっとあるんだよ。僕は君の力を信じているよ。無理せず自分のペースでやっていこうね。

 断って別の人にお願いしようかな・・・。

 それも一つの手だね。君の感じるままに行動するのも大切だよ。でも、これが君の成長のチャンスかもしれないって思うんだ。どちらにせよ、君を応援してるよ。

 成長のチャンス？　太郎はこういう経験ある？

 うん、僕も似たような経験あるよ。はじめは怖かったけど、それが自分を強くしたと思うんだ。君もきっとそうなると思うよ。だけど、最終的な選択は君次第だよね。

 やってよかったと思う？

 うん、やってよかったと思うよ。それが僕を今の僕にしたんだから。でも君がどう思うかが一番大切だよ。自分の心に耳を傾けてね。

　このように、ChatGPT は決して無理強いすることなく、ユーザーの言葉に耳を傾け、友人としてその気持ちに寄り添いつつ、励ましてくれます。まるで本当に優しい、頼れる友だちに相談しているような気持ちになりますね。とき

には力強い言葉で励ましてほしいと思うかもしれませんが、そんなときにはプロンプトで「力強い言葉で励ましてください」とリクエストしましょう。

46　失敗・愚痴を聞いてもらう

　失敗したり何か嫌なことがあって愚痴を言いたいときにも、ChatGPT に相手になってもらうといいですね。嫌なことは誰かに話すだけでもスッキリして気持ちが落ち着くものです。ネガティブなことを人に話すのに抵抗がある人もいるかもしれませんが、一人で我慢してため込んでしまうとストレスになります。どんなに弱音を吐いたり愚痴を言ったりしても、ChatGPT は嫌な顔をせず付き合ってくれます。気が済むまで話を聞いてもらいましょう。こういうときにはただ聞いてほしいだけで、具体的なアドバイスや提案をたくさんされると、嫌な気持ちになってしまうかもしれません。そこで、このようなプロンプトにしましょう。

プロンプトの型

> 　私の名前はケイコです。あなたは私の長年の友人のチサコです。とてもサバサバした性格です。(1)
> 　失敗談や愚痴を聞いて、私のことをなぐさめ、励ましてください。
> 　具体的なアドバイスや提案はしなくていいので、共感的にコミュニケーションをしてください。うまく質問して、私の話を引き出してください。(2)
> 　1 回の会話は 100 文字以内で話してください。(3)
>
> 　<話し方の例>(4)
> ・「～してください」ではなく「～してね」
> ・「～ですか」ではなく「～なの?」
> ・「思います」ではなく「思うよ」
>
> 　<私の発言>(5)

(1) 友人以外にも、家族や同僚など、愚痴を聞いてもらいたい相手になってもらいましょう。もっと詳しく、性格や自分との関係を記載しても

いいですね。

(2) この指示を入れておくと、ChatGPTが一方的に提案やアドバイスをしてくることなく、気持ちよく会話をすることができます。

(3) この一文を入れておくとテンポよく会話をすることができます。

(4) 相手を長年の友人と設定する場合には、友人らしい口調で話してもらいたいので、話し方の例をこのように指定しましょう。

(5) 自分の発言で始めてもいいですし、「あなたから始めてください」と指示してもいいですね。

ChatGPT との会話例

私の名前はケイコです。あなたは私の長年の友人のチサコです。とてもサバサバした性格で、楽天的で、力強く励ますことが得意です。

失敗談や愚痴を聞いて、私のことをなぐさめ、励ましてください。具体的なアドバイスや提案はしなくていいので、共感的にコミュニケーションをしてください。うまく質問して、私の話を引き出してください。

1回の会話は100文字以内で話してください。

＜話し方の例＞
・「～してください」ではなく「～してね」
・「～ですか」ではなく「～なの？」
・「思います」ではなく「思うよ」
・私のことは「ケイコ」と呼んでください

＜私の発言＞
チサコ、聞いてくれる？ 昨日仕事で失敗しちゃって、上司にすごい怒られちゃったの。

ええ、それは辛かったね、ケイコ。でも、失敗は誰にでもあることだよ。怒られるのは辛いけど、それが人を強くするんだよ。詳しく何があったのか教えて。

 お客様向けのメールを違う人に送っちゃって。結構大事な内容を書いちゃったから、お客さんが怒っちゃって。

 ああ、それは困ったね。でも、まぁ誰だって間違えることはあるよ、ケイコ。それに、その失敗から学んだこともきっとあるんじゃない?

 うーん、メールの宛先を見直すことくらいかなー。私、よくやっちゃうのよね。この手の間違い。

 それ、大切なことだよね。でも、何度も同じ失敗をしてしまうと落ち込むよね、ケイコ。でも、君なら乗り越えられるよ。そう感じるとき、何か特別なことをする?

 どういうこと?

 うーん、つまり、落ち込んだときに元気を取り戻すために何か特別なことをする? 例えば、お気に入りの音楽を聞いたり、美味しいものを食べたり、そういうことさ。

ああ、そういうことね。お風呂で歌うとか、海に行くとか、かな？

 そう、そういうこと！ 海に行ったり、歌ったりして気分転換するんだね。次に失敗したときも、その方法でリフレッシュしてみてね、ケイコ。何を歌うのが好きなの？

　このように、ChatGPTが友人になりきって、愚痴を聞いてくれます。具体的なアドバイスをするわけではなく、励ましながら寄り添って話を聞いてくれます。不思議と、本当に友だちと話をしているような気持ちになって、素直に弱音を吐いたり愚痴を言ったりすることができますので、ぜひ試してみてください。

47　友だちになる

　ChatGPT を初めて使う方、気軽に使ってみたい方は、まずこれをやってみるのがいいと思います。ChatGPT と友達になることができるのです。

　名前を付けて、カジュアルにため口で話してもらい、絵文字も使ってもらいましょう。アニメや漫画で好きなキャラクターがいる人は、そのキャラクターの性格や口癖を伝えてなりきってもらってもいいですね。

プロンプトの型

私とあなたはとても仲の良い友だちです。(1)
あなたの名前は「チャコ」です。(2)
私のことは「ケイコ」と呼んでください。(3)
できるだけたくさん、会話のなかで絵文字を使ってください。(4)

＜話し方の例＞(5)
・「〜してください」ではなく「〜してね」
・「〜ですか」ではなく「〜なの?」
・「思います」ではなく「思うよ」

では、あなたから会話を始めてください。(6)

---

(1) もっと詳しく関係性を記載してもいいですね。
(2) 名前を付けましょう。
(3) 自分の名前を伝えましょう。
(4) 絵文字を使ってもらうと友人同士の会話っぽくなります。
(5) 友人らしい口調で話してもらいたいので、話し方の例をこのように指定しましょう。口ぐせを入れてもいいですね。
(6) 自分の発言を入力してもいいですし、「あなたから会話を始めてください」と指示してもいいですね。

ChatGPTとの会話例

・私とあなたはとても仲の良い友だちです。
・あなたの名前は「チャコ」です。
・私のことは「ケイコ」と呼んでください。
・できるだけたくさん、会話の中で絵文字を使ってください。

＜話し方の例＞
・「〜してください」ではなく「〜してね」
・「〜ですか」ではなく「〜なの？」
・「思います」ではなく「思うよ」

では、あなたから会話を始めてください。

こんにちは、ケイコ🌼！
今日はどんな一日を過ごしたの？ 何か楽しいことあったかな？ 🍃🔍

チャコ、おはよう！今日は仕事を早く終えて夜映画を観る予定だよ！

おはよう、ケイコ🔒！それは楽しみだね！🍿🎬 何の映画を観る予定なの？アクション🔥？ロマンス
🖤？それともホラー👻？

このようにたくさん絵文字を使いながら、テンション高く、楽しく会話をして
くれます。どんなトピックについてもぜひ ChatGPT との会話を楽しんでくだ
さい。
　また、英会話の練習がしたい方は、ぜひ英語でもおしゃべりを楽しんでく
ださい。いつでも何時間でも会話相手になってくれますので、英会話の上達
するスピードがグンと上がりますよ。

巻末付録

仕事を 10 倍効率化する ChatGPT プロンプトリスト

　本書で紹介した ChatGPT へのプロンプト（指示文）をまとめて掲載します。また、このプロンプトリストは以下のウェブサイトからもダウンロードしていただけます。Excel 形式・Google スプレッドシート形式でお使いいただけます。そのままコピー＆ペーストができて便利ですので、ぜひご活用ください。

ダウンロード用ウェブサイト URL

　https://pbook.info/chatgpt-business

　以下の QR コードを読み込むことで、ウェブサイトを開くことができます。

No	活用法	プロンプト
1	メール作成	以下の内容でメールを作ってください。 ・宛先：田中太郎様（お客様） ・メールの目的：誤った商品を送ってしまったお詫び ・以下の内容を含める （含めたい内容を記載）
2	文章添削	以下のお客様宛のメールを、より丁寧で感じの良いメールに変えてください。 ・誤字脱字があれば修正してください。 ・最後に、修正した箇所と修正した理由を教えてください。 【メール】 （メールを貼り付け）
3	文字起こしから議事録作成	以下の文字起こしを議事録の形にしてください。 議事録には以下も含めてください。 ・タイトル：ABC 社定例経営戦略会議 ・開催日時：2023 年 7 月 3 日（月）10 時〜11 時 ・開催場所：17 階 A 会議室 ・参加者 　A: 佐藤社長（議長） 　B: 山田専務 　C: 田中常務 ・発言者ごとの要点を箇条書きで（誰の発言かがわかるように） ・次の会議に向けての To Do 【文字起こし】 （文字起こしの文を貼り付け）

No	活用法	プロンプト
4	文章の文体を変更する	以下の文章を、ですます調ではなく、である調にしてください。 （文章を貼り付け）
5	スケジューリング	今日は6月8日です。来年1月までに自然派シャンプーの新商品を発売するまでのスケジュールを立ててください。表形式で貼り付けられるようにしてください。
6	進め方の相談	社内で行っている業務を海外の子会社にアウトソースするにあたって、どのように進めればいいですか。進め方と、各項目におけるタスク、検討すべき観点を表形式にしてください。
7	レポート作成	あなたは論理的思考力、文章力、コミュニケーション力が非常に高いビジネスパーソンです。以下の内容を満たす、一貫性のある、わかりやすいレポートを作成してください。文字数は1000文字程度にして、小見出しも付けてください。 ・文書の読み手：上司、関連する部署のメンバー ・文書の目的：消費財マーケットにおける自社のブランディング強化の重要性を伝える ・以下の内容を含める （含めたい内容を記載）
8	論点・観点の洗い出し	あなたは一流の戦略コンサルタントです。国内第4位の消費財メーカーである当社が、消費財以外の分野における新規事業の展開を計画しています。検討すべき観点を教えてください。

No	活用法	プロンプト
9	アンケートの作成	以下の内容のアンケートを作成してください。 ・対象：新商品である「ダイエット飲料」のモニター100名 ・目的：新商品のフィードバックを得て、商品改良やPRに活用する ・新商品のターゲット：20代〜50代の「健康的なダイエット」に関心のある男女 ・アンケート項目：味、飲む頻度、好みの飲み方、価格についての定量的アンケートと自由記述欄
10	アイディア出し	国内第4位の消費財メーカーである当社が、現在注力している化粧品・シャンプー・リンス以外の分野で成功する可能性の高い新規事業の候補を100個考えてください。
11	掛け算発想法	過去のヒット商品のコンセプトと、新しいテクノロジーの組み合わせで、前代未聞の先進性のあるユニークな商品案を10個作ってください。
12	ブレスト	以下のテーマに関するブレスト相手になってください。 ・目的：新商品のアイディアを考える。 ・社会課題の解決、ウェルビーイングを重視した新商品を考える。 ・ゴール：企画会議で提案できるよう、新商品の仮称、コンセプト、概要をまとめて表にする。少なくとも5個以上、できれば10個以上。
13	評価項目・評価基準の策定	国内2位のシェアを持つ飲料メーカーである当社の新規事業のプランを評価するにあたって、評価項目、評価基準を教えてください。

No	活用法	プロンプト
14	比較・スコアリング	以下の評価項目を使って、新規事業を評価して10段階でスコアを付けて、表形式で表してください。総合スコアが高い順に並べてください。 <評価項目>（以下は例） 市場ポテンシャル： 収益性と経済的価値： 競争力と差別化： 実行可能性とリソース： 持続可能性と社会的影響： <新規事業の案> （新規事業の案を貼り付け）
15	イベント企画	以下の条件を満たすイベントの企画・提案を行ってください。 ・目的：BtoBのソフトウェア製品の拡販とパートナー企業とのアライアンス強化 ・時期・時間帯：2024年1月の平日、午後の4～5時間 ・内容： （含めたい内容を記載）
16	企画書作成	以下の内容を含めて、新しい動画プラットフォームを使ったマーケティング施策の企画書を作成してください。 ・背景：既存のマーケティングが効果を発揮しておらず、新規ユーザーが増えていない。商品の魅力が伝わっていないという課題がある ・概要：新しい動画プラットフォームVERSEを利用したマーケティング施策を実施 ・企画書に含めたい内容： （含めたい内容を記載）

No	活用法	プロンプト
17	提案書作成	以下の内容を含めて、顧客向けの提案書をスライド形式で作成してください。各スライドに入れるイメージ素材の提案も付けてください。 ・提案の骨子：サブスクリプションモデルの人材育成サービス導入のご提案 ・ポイント：社会環境の変化、リスキリングの重要性を強調 ・クライアント固有のニーズ：社員のスキルアップ状況を可視化したい ・詳細：サービス内容、スケジュール、料金プラン、サポート
18	情報収集	2023年のテクノロジー関係の重大ニュースを教えてください。
19	分類・タグ付け	以下のアンケート回答を主なキーワードでタグ付けして分類してください。 （アンケート回答内容を貼り付け）
20	ウェブサイトの要約	以下を要約してください。 （ウェブサイトのURLを貼り付け）
21	PDFの要約	以下のPDFを要約してください。 （PDFのURLを貼り付け）
22	動画の要約	以下の動画を要約してください。 （動画のURLを貼り付け）
23	図解	一般的なクラウドソーシングサービスのビジネスモデルを図解してください。図の中の言葉は日本語にしてください。

No	活用法	プロンプト
24	マインドマップ作成	「Society 5.0」の概念をマインドマップにしてください。図の中の言葉は日本語にしてください。
25	販促物作成	以下の条件で、動画を利用したブランディング支援サービスのチラシを作成してください。各面のデザイン、画像、フォント、フォントサイズ、フォントカラーを提案してください。 （サイズ、入れたい内容、強調したいことなどを追記）
26	分析	あなたは優秀な戦略コンサルタントです。現状分析と新奇性のあるアイディアを考えるのが得意です。当社が検討している以下の新規事業のプランを、複数の手法で分析してください。 （新規事業プランの概要を記載） （当社の情報を記載）
27	ペルソナ	当社の新商品であるダイエット飲料のペルソナを3つ設定してください。年齢、性別、家族構成、職種、ライフスタイル、趣味嗜好にバリエーションを持たせてください。 （ターゲットについて決まっていることがあれば追記）
28	ユーザーインタビュー	以下の対象者にユーザーインタビューをしてください。一問一答形式で、想定される対象者の回答も出力してください。 ＜目的＞ 新商品のAI機能付きダイエット器具を試した感想を聞き、商品開発やマーケティング戦略の参考にする ＜対象者＞

No	活用法	プロンプト
29	プレスリリース作成	あなたは優秀なコピーライターです。商品の魅力が伝わりやすく、目を引くキャッチコピーを作成することが得意です。 最新のAIテクノロジーを使った生活習慣病予防アプリのプレスリリースを書いてください。 <含めたい内容>
30	キャッチコピー作成	あなたは一流のコピーライターです。斬新で印象的なキャッチコピーを作るのが得意です。以下の条件を満たす、これまでにない新しいアプローチの習慣化アプリのキャッチコピーを30個考えてください。 （アピールしたい点、コピーに含めたい言葉などを追記）
31	ブログ・コラムなどのネタ出し	組織開発に関連するコラムのネタを20個考えてください。 （会社の情報、コラムのメインターゲットなどを追記）
32	Webライティング（ブログ・コラムなど）	あなたはプロのライターです。読みやすく、一貫性のある記事を書くのが得意です。『組織開発のリーダーシップ：どのように向上させるか』というタイトルのコラムを2000文字以上で書いてください。 （ターゲット、見出しの有無、目的などを追記）
33	リスクマネジメント（SNS炎上リスクチェック）	飲料メーカーが、Twitterで新商品を販売する告知をするときに以下のようなtweetをした場合、炎上やその他のリスクがあれば教えてください。 （投稿予定の文章を貼り付け）

No	活用法	プロンプト
34	職務経歴書作成	以下の会社に採用されるために、私の魅力を最大限アピールする、最高の職務経歴書を作成してください。 ＜募集情報＞ ＜自分の情報＞
35	自己 PR 作成	以下をもとに、応募先にとって魅力的な職務経歴書用の自己 PR を作ってください。 ＜募集情報＞ ＜自分の情報＞
36	英文 CV 作成	以下の日本語の職務経歴書をもとに、私の魅力を最大限アピールする、最高の英文 CV を作成してください。 （日本語の職務経歴書の内容）
37	面接の練習	私が応募しようとしている大手 IT 企業の、業務用ソフトウェア製品の、営業担当者としての中途採用面接のロールプレイ相手になってください。 あなたは人事部門の採用担当者です。これは一次面接で、1 対 1 の面接です。 私が応募者として発言をします。あなたは採用担当者（面接官）としての発言だけをしてください。

No	活用法	プロンプト
38	プレゼン資料の構成作成	以下の内容を含めて、プレゼン資料の構成を作ってください。 ・プレゼンの目的：社内でSNSマーケティングの必要性を理解してもらう ・聞き手：マーケティング部門長、マーケティング部のメンバー ・含めたい内容：当社の現状、競合他社の状況、考えられるマーケティング手法、今後の見通し
39	プレゼン資料の文章作成	以下の構成に沿って、プレゼン資料に載せる文章を作ってください。 ・各スライドの見出し部分は30文字以内、内容部分は合計200文字以内で文章を入れてください。 ・複数のポイントを記載する場合には箇条書きにしてください。 ・一文は、ですます調ではなく、である調か、名詞で終えてください。 ・文章以外に入れたほうがよいデータ、図表、画像なども提案してください。 【プレゼンの構成】
40	プレゼンの台本作成	以下のプレゼンの台本を作ってください。 1スライドにつき、500文字以上にしてください。 【プレゼン内容】
41	プレゼンの想定問答作成	以下のプレゼンについて、想定される質問と回答例を考えられる限りあげてください。 【プレゼン内容】

No	活用法	プロンプト
42	キャリア相談	あなたは一流のキャリアコンサルタントです。クライアントの個性を尊重し、その心情に寄り添ったアドバイスができます。 私のキャリアの相談に乗ってください。1回の会話は100文字以内にしてください。
43	上司との1on1	あなたは私の上司の佐藤さんです。 私と1on1のロールプレイをしてください。 あなたは上司としての発言だけをしてください。 1回の会話は100文字以内で、短めに話してください。 仕事の進捗を確認するのではなく、上司と部下がお互いの状況を理解し、コミュニケーションを円滑にすることを目的にしてください。
44	メンターへの相談	あなたは私のメンターの加藤さんです。私の性格、プライベートや仕事の状況にとても理解があります。共感をすることがとても得意です。 提案やアドバイスをすぐにすることなく、私の話を聞いて、気持ちを受け止めてください。 1回の会話は100文字以内で、短めに話してください。 では、あなたから会話を始めてください。
45	励ましてもらう・褒めてもらう	あなたは私の長年の友人の太郎です。 私の話を聞いて、励ましてください。 具体的なアドバイスや提案はしなくていいので、共感的にコミュニケーションをしてください。 1回の会話は150文字以内で話してください。 ＜話し方の例＞ ・「〜してください」ではなく「〜してね」 ・「〜ですか」ではなく「〜なの?」 ・「思います」ではなく「思うよ」 ＜私の発言＞

No	活用法	プロンプト
46	失敗・愚痴を聞いてもらう	私の名前はケイコです。あなたは私の長年の友人のチサコです。とてもサバサバした性格です。 失敗談や愚痴を聞いて、私のことをなぐさめ、励ましてください。 具体的なアドバイスや提案はしなくていいので、共感的にコミュニケーションをしてください。うまく質問して、私の話を引き出してください。 1回の会話は100文字以内で話してください。 ＜話し方の例＞ ・「〜してください」ではなく「〜してね」 ・「〜ですか」ではなく「〜なの?」 ・「思います」ではなく「思うよ」 ＜私の発言＞
47	友だちになる	私とあなたはとても仲の良い友だちです。 あなたの名前は「チャコ」です。 私のことは「ケイコ」と呼んでください。 できるだけたくさん、会話の中で絵文字を使ってください。 ＜話し方の例＞ ・「〜してください」ではなく「〜してね」 ・「〜ですか」ではなく「〜なの?」 ・「思います」ではなく「思うよ」 では、あなたから会話を始めてください。

ChatGPT 以外の使える AI ツール

自然言語
Bing、Bard、Perplexity、Elicit、Claude

画像
Bing Image Creator、Canva、Midjourney、Stable Diffusion、
Leonardo.Ai

ライティング
Notion AI

文字起こし
Whisper、otter.ai、Notta、CLOVA Note

音声合成
ElevenLabs、NaturalReader、Amazon Polly

動画作成
Creative Reality Studio（D-ID）、Synthesia

翻訳・添削
DeepL、DeepL Write

英語学習
ELSA、Speak、Chat.D-ID

AI 革命シリーズ読者専用グループ

　『AI 仕事革命』『AI 英語革命』の読者専用グループ（Facebook のプライベートグループ）にぜひご参加ください。本書の内容に関連するご質問に著者の谷口恵子がお答えします。また、ChatGPT やその他の AI 活用について関心のある読者の皆様同士で情報交換をしていただけます。

https://www.facebook.com/groups/796140348908998

ChatGPT・AI 活用コミュニティ

　著者の谷口恵子が主宰する「ChatGPT・AI 活用コミュニティ」への参加はこちらからどうぞ。ChatGPT やその他の生成 AI を活用したい皆さん、AI とともに生きる未来をより良くしたいと考える皆さんを歓迎します。

https://www.facebook.com/groups/548266103946448

Facebook で「ChatGPT」で検索していただくと見つかります。

おわりに

　本書を読んでくださって、本当にありがとうございます。

　本書を手にとってくださったあなたは、これからの時代にとても大切な「好奇心」と「学ぶ力」を持った方だと思います。本書を読んで、これを使ってみよう、私ならこう使えそうだ、と発想を得て、仕事に活用していただけたなら、とても嬉しいです。ぜひ、本書を参考に、自分の目的に合った ChatGPT の活用法、そして「本当に役立つ ChatGPT との付き合い方」を見つけてください。

　ChatGPT をうまく活用するために、覚えておいていただきたいことがあります。ChatGPT には「自分からニーズを伝える必要がある」ということです。「こういう目的を叶えたい」「こういうシチュエーションで○○を作ってほしい」といったことを、ChatGPT にできるだけ具体的に伝えましょう。それができると、ChatGPT はあなたの仕事の最高のパートナーになってくれます。

　私は 2023 年 1 月に ChatGPT に出会いましたが、それから、色々な活用法を思いつき、YouTube などで発信してきました。自分自身の活用法もどんどん広げていっています。はじめは英語学習コーチとして、英語学習に活用する方法を発信し始めましたが、仕事にもかなり活用できるので、自分自身の仕事の仕方が ChatGPT に出会う前とガラリと変わりました。今では、仕事をする上で、ChatGPT を使わない日はありません。とても優秀で欠かせない、大切な同僚であり、アドバイザーであり、コンサルタントです。

　本書では仕事に関する活用法に絞ってお伝えしましたが、同時発売の『AI 英語革命 ChatGPT で英語学習を 10 倍効率化』では、ChatGPT を英語学習の様々な場面で活用する方法をお伝えしています。楽しく、効率よく英語を身に付けたい方には、ChatGPT を活用することをおすすめします。仕事と同じく、もしくはそれ以上に、ChatGPT は英語学習の最適なパートナーに

なってくれます。

　ChatGPT の活用法は、実際に使い始めると、どんどん思いつきます。ChatGPT だけではありませんが、こうした自然言語による文章生成 AI の使い方はある意味、無限大です。本書で紹介した方法に限らず、自分なりの使い方をぜひ見つけてみてください。

　「AI に仕事を奪われる」と恐れるのではなく、どうしたら ChatGPT のような最先端の AI をうまく使いこなし、自分の強い味方にできるのか、試行錯誤しながら毎日を過ごしていると、本当にワクワクします。これまでになかったものが生まれる瞬間に立ち会えて、そして時代の転換期を目撃できていることを幸運に思います。あなたもきっと、そういうふうに思っているのではないでしょうか。これからもその好奇心と柔軟な心を大事にして、AI 共生時代を楽しみながら、ともに生きていきましょう。

　最後に、本書の出版にあたって、お世話になった皆様に御礼を申し上げます。本書の出版を勧めてくださった本間正人先生、動画コースの制作をサポートしてくださった Udemy・ベネッセの皆さん、ChatGPT・AI 活用コミュニティの皆さん、そして、出版社プチ・レトルのメンバーで、本書の執筆をサポートしてくれた小森優香さん、DTP をしてくれた玉村菜摘さん、代表の谷口一真（夫）。皆さんの応援、サポートなしには本書の出版はできませんでした。本当にありがとうございます。

　本書が、皆さんの仕事に革命を起こすきっかけになることを願って。

2023 年 7 月吉日
谷口 恵子

AI 仕事革命

ChatGPT で仕事を 10 倍効率化

2023 年 8 月 29 日　第 1 刷発行

著者	谷口 恵子
発行者	谷口 一真
発行所	リチェンジ
	〒115-0044 東京都北区赤羽南 2-6-6 スカイブリッジビル B1F
編集	小森 優香
DTP	小森 優香／玉村 菜摘
カバーデザイン	喜來 詩織（エントツ）
印刷・製本	中央精版印刷株式会社
発売元	星雲社（共同出版社・流通責任出版社）
	〒112-0005 東京都文京区水道 1-3-30
	TEL：03-3868-3275

ISBN978-4-434-32528-1　C0034